それでも、毎日練習していると、「なかなかうまくならない。どうすればいいんだろう…」と思い悩むことがあると思います。そんなときは、まず行動！　コートに立って、1球でも多くシャトルを打ってください。体を動かす中で、自分の強みに気づいたら、それを伸ばせばいい。弱みに気づいたら、それを補う練習をすればいいのです。「頭で考える」のは大事ですが、そこで止まらないこと。「体を動かして練習する」につなげて、上達への道を切り拓きましょう。

　選手も指導者も、まず行動！　たくさん体を動かし、たくさんシャトルを打ってください。そして、やり続けてください。練習の場で、「これはもう、できるようになった」と満足してやめてしまう

ほど、怖いことはありません。たまたま1回か2回できたのと、試合の苦しい場面でも100パーセント決まるのとでは、まったく意味が違います。何度も何度もやり続けて、体に染み込ませる。そこまでやり続けてはじめて、成果へとつながるのです。

　日々、目標をもって仲間とシャトルを打ち合い、上達していきましょう。本書を手に取ってくださった方々が、バドミントンの奥深い面白さを味わえますよう、願っています。

2024年6月

埼玉栄高校　男子バドミントン部コーチ
堂下智寛

本書の使い方

このページは、はじめて本書を読まれる方のために、本書の活用方法を説明しています。

練習データ

メニューに必要な回数（時間）、レベルをまとめています。レベルは初級・中級・上級の3段階です。練習をするときの目安にしてください。

練習メニュー

メニュー番号と練習メニュー名を記載しています。

ねらい

ここで練習するメニューの目的や、技術の習得目的を解説しています。

写真・手順

メニューの手順を、写真を使って解説します。

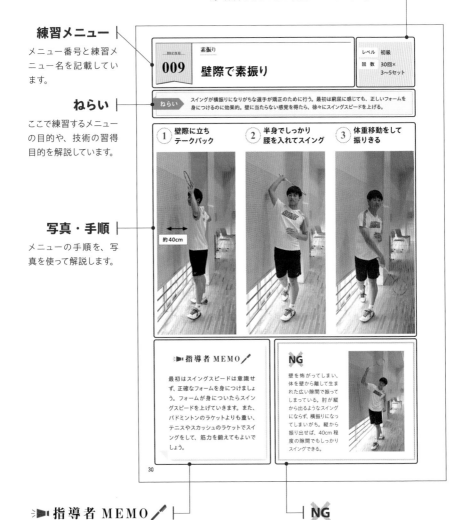

menu **009** 素振り
壁際で素振り

レベル 初級
回数 30回×3〜5セット

ねらい スイングが横振りになりがちな選手が矯正のために行う。最初は窮屈に感じても、正しいフォームを身につけるのに効果的。壁に当たらない感覚を得たら、徐々にスイングスピードを上げる。

1. 壁際に立ちテークバック
   約40cm
2. 半身でしっかり腰を入れてスイング
3. 体重移動をして振りきる

指導者MEMO

最初はスイングスピードは意識せず、正確なフォームを身につけましょう。フォームが身についたらスイングスピードを上げていきます。また、バドミントンのラケットよりも重い、テニスやスカッシュのラケットでスイングをして、筋力を鍛えてもよいでしょう。

NG

壁を怖がってしまい、体を壁から離して生まれた広い隙間で振ってしまっている。肘が縦から出るようなスイングにならず、横振りになってしまいがち。縦から振り出せば、40cm程度の隙間でもしっかりスイングできる。

30

指導者MEMO

指導者に向けて練習で気をつけたいことや指導のポイントをまとめています。

NG

やってはいけないことや、やってしまいがちな失敗などを指摘しています。

埼玉栄高校
男子バドミントン部 コーチ **堂下智寛** 監修

指導者と選手が一緒に学べる！

バドミントン
練習メニュー
200

ⓘ 池田書店

はじめに

バドミントンは、自分と、相手が1人いればできる、すぐに始められるスポーツです。練習も試合も体育館の中で行うので、天候に左右されることはありません。そして、誰もが楽しめる、まさに生涯スポーツです。

一方で、コルクの先端に水鳥の羽根をつけたシャトルコック（シャトル）をラケットで打ち合うという、特殊な競技でもあります。シャトルの重さはわずか5g程度で、風、気温、湿度の影響を受けます。特殊な道具を使って、毎回違う条件下で行うというところに難しさがあ

ります。

だからこそ、シャトルにたくさんさわること、人より多く打つことが、上達するためには必要です。本書では、シャトルに慣れ、思いどおりに打てるようになるためのメニューを紹介しています。足を使ってシャトルの下まで体を運び、しっかりラケットを振る。どんなに単純なメニューでも、必ず試合を想定して取り組む。私がコーチを務める埼玉栄高校は、常に全国優勝をねらうチームであり、全員がこの意識を徹底しています。

本書の構成

　本書は構え方やステップの方法、シャトルの打ち方などを解説した「技術解説」と、アップの方法や体を鍛えるための「トレーニング」、試合で活用できる戦術トレーニングを解説した「練習方法」を、15章に分けてまとめています。

※本書では、基本的に右利きのプレーヤーを基準にメニュー内容を記載しています。

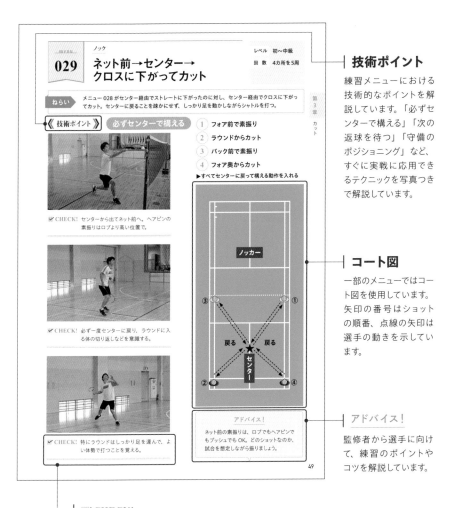

技術ポイント

練習メニューにおける技術的なポイントを解説しています。「必ずセンターで構える」「次の返球を待つ」「守備のポジショニング」など、すぐに実戦に応用できるテクニックを写真つきで解説しています。

コート図

一部のメニューではコート図を使用しています。矢印の番号はショットの順番、点線の矢印は選手の動きを示しています。

アドバイス！

監修者から選手に向けて、練習のポイントやコツを解説しています。

☑CHECK!

注意点や補足事項をまとめています。

CONTENTS

第 1 章 基本練習

第 2 章 フットワーク

第 3 章 カット

第 4 章
クリア

第 5 章
スマッシュ

第 6 章
ドライブ

第 8 章
レシーブ

第 **12** 章
実戦的ノック

第 **13** 章
大人数で行うノック

第 **14** 章
ウォーミングアップ

第 **15** 章
トレーニング

選手のみなさまへ

行動し続けて強い選手に

バドミントンは、体の大きい人が圧倒的に有利というスポーツではありません。頭を使った駆け引きで、小柄な選手が体格に恵まれた相手に勝つことは、よくあります。桃田賢斗選手、山口茜選手、奥原希望選手などは、小柄な体で世界の頂点に立ってきました。その一方、大柄な選手が放つ、強烈なスマッシュ一発が決まることもある。それぞれの得意なプレーで競い合える、とても面白い競技です。

たとえば、「自分の得意なものを伸ばすか、弱点を克服するか、どちらを先にやればいいですか?」と聞かれたら、私は、「得意なものを伸ばそう」と答えます。苦手なところを補うのは、もちろん大事です。ただ、試合本番では、相手にプレッシャーを与える必要があります。自分の得意なプレーで相手を追い込むことが、勝つためには大事だと思うからです。

また、「チームの中でも下手なほうで、ゲーム練習で負けてばかり…」という悩みもあると思います。そんな選手には、「自分よりうまい人がたくさんいるのは、とてもいい環境だよ」と伝えたいと思います。お手本や目標になる存在がいることは、プラスにとらえるべき。同じメニューが同じようにできなくても、自分に合った目標や目的を見つければいいのです。

バドミントンは、シャトルを打ったら打った分だけ上達します。悩んで立ち止まることなく、行動し続けてください。

意識を変えて成果を得る

　本書で紹介したメニューには、「もう知っている」「普段からやっている」というものもあると思います。

　そのうえで意識してほしいのが、足を使ってシャトルの下に体を入れること。いい体勢でラケットを振ること。そして、常に試合を想定すること。この3つを徹底し続けることで、成果は見違えるほど変わります。

　疲れてくると足を動かしたくなくて、手打ちになりがちです。その状態で、ラケットをしっかり振りきって、思いどおりのショットが打てるでしょうか。試合終盤の厳しい場面でラリーを制し、勝ちきれるでしょうか。

　決まった動きのメニューでは、しっかりセンターに戻らず、そのまま走り抜けてしまいがちですが、本番の試合で、そんな場面があるでしょうか。

　厳しい場面でも耐えて、競った場面でもシャトルを返し続けられる、本当の強さをもつ選手、勝てる選手になるために。勝つ人にふさわしい練習をこなしていきましょう。

指導者のみなさまへ

選手の気づきを大切に

　大学を卒業して指導者となり、17年目を迎えました。指導者として歩み始めた20代は、選手と一緒にコートに入っていました。埼玉栄高校はゲーム練習がメインなので、スパーリング相手といったところです。コートの中は情報量が多く、気づいたことはすぐに伝えていました。ところが、私があれこれ教えたからといって、選手が強くなるわけではなかったのです。そのうち、「選手が自ら気づくキッカケを奪っているのでは…」と思うようになりました。現在は、選手とコートに入ることはありませんが、選手が自分自身で気づくことを大事にしています。

　もう1つ心がけているのが、選手を型にはめないことです。たとえば、バドミントンのラリーはストレート主体が基本ですが、やたらとクロスに打ちたがる選手がいます。クロスに自信があり、うまくいっているのであれば、まずは好きにやらせておきます。通用しなくなったところで、「クロスに頼っていてはダメなんだ。ストレート主体のラリーができるようになろう」と、自分で気づいて修正できればベスト。コートの外から、「ストレートに打て!」と押しつけるより、ずっと身になります。もしも、選手が自分で気づけずアドバイスすることになったら、「いわれて終わり」にならないように、選手ごとに伝え方を工夫するようにしています。

ほめることも忘れない

常に全国制覇をねらう埼玉栄高校は、日本一の練習をしていると思います。厳しい環境の中、指導者として忘れてはいけないと思うのが、ほめることです。ずっと一緒に練習していると、ダメなところが目についてしまうもの。そこで、選手のいいところ、伸びたところに気づいてほめるのは、指導者の大事な役割です。選手にうまくなってほしくて、つい厳しく接してしまう方もいると思いますが、ほめることも、どうか忘れないでください。

ただし、気を抜いたプレーは言語道断。そして、返事やあいさつ、集合時間を守るといった、コート外での行動については妥協しません。バドミントン部の活動を通じて、人としての成長を促すことも、指導者の役割だと考えているからです。厳しい練習を乗り越えた3年生が、「埼玉栄でよかった」と卒業していく。それが、指導者として何よりの喜びです。

保護者のみなさまへ

信頼できる指導者を探すことが大切

指導者の立場として、いつも保護者の方々のサポートには感謝、尊敬しています。そのうえで、いくつかお話しさせていただきます。

最初にお伝えしたいのは、「子どもに対する技術的アドバイスは、必ずしも必要ではありません」ということです。そこは、指導者に任せてください。「バドミントン経験がなく、練習や試合でうまくいかなかった子どもに何もいえない」という保護者の方は、「バドミントンで困ったことがあれば、コーチに相談しなさい」といえばいいのです。そこでしっかりアドバイスしてくれる、信頼できる指導者を探すことが、保護者の役割だと思います。

もしも、子どもが「練習に行きたくない」「バドミントンをやめたい」と言い出したら、まず、しっかり話を聞いてください。無理にやらせず、少し時間を置いてもいいと思います。子どもが自分自身を見つめ直し、「やっぱり、バドミントンが好き」と気づけば、練習に行きたいと言い出します。一番よくないのは、子どもがチームや指導者に対して抱く不満に、保護者が乗ってしまうこと。あくまでも冷静に、「話を聞く」という姿勢でいてください。

子どもをサポートする姿勢で

　逆のパターンとして、子どもがバドミントンに夢中になりすぎてしまうケースがあります。指導者としてはとても喜ばしいのですが、宿題をやらなくなるなど、学校生活がいい加減になっていたら、厳しく注意してください。食事や睡眠などを含め、生活全般を見守りながらサポートできるのは、保護者の方だけです。バドミントンだけの毎日にならないように、そこは妥協なく指導していただきたい部分です。

　体を動かすことは、子どもの成長に

とってプラスであり、スポーツを通じて得られるものはたくさんあります。だからこそ、保護者の方には、目の前の結果だけではなく、長い目で見ていただきたいのです。今勝てない相手にも、やり続ければ勝てるようになるかもしれません。そこまでやり続けられるか、あくまでも、やるのは子どもです。

　やりたい、やり続けたいという気持ちに応えられる環境を作る、子どもをサポートする、という姿勢で接していただければと思います。

バドミントンの基礎知識

バドミントンの試合や練習で役立つ基礎知識を頭に入れておきましょう。基本の技術やルール、よく使う用語を覚えておくとスムーズに練習に入れます。

サイズと名称

コート

コートの大きさ

世界バドミントン連盟が定めるコートの大きさは縦 44 フィート×横 20 フィート（縦 13.4m×横 6.1m）。ラインの幅は 40mm です。2 対 2 のダブルスはコート全面を使いますが、1 対 1 のシングルスは内側のサイドラインまで。横幅がやや狭くなります。

ネットの高さ

ネットの支柱（ポール）はダブルスのサイドライン上に立てられ、高さは 1.55m。中央部はネットがたわむため、2.6cm 低い 1.524m と定められています。

オプショナルテスティングマーク
シャトルの飛距離やスピードのテストに使われます。

- 6.10m
- 5.180m
- 13.40m
- **サイドライン**（シングルスの場合）
- **センターライン**
- **サイドライン**（ダブルスの場合）
- **ラインの幅 40mm**
- **ショートサービスライン**
- **支柱（ポール）高さ1.550m**
- **ネット幅 760mm**
- 1.980m
- **ロングサービスライン**（ダブルスの場合のみ）
- 6.70m
- **バックバウンダリーライン兼シングルのロングサービスライン**
- 3.880m
- **ダブルスコートの対角線の長さは 14.723m**
- 720mm
- 420mm
- 2.530m

ラケットの握り方
フレームは全長 680mm 以内、幅 230mm 以内。

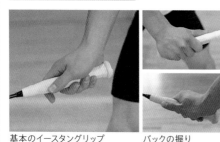

基本のイースタングリップ　　バックの握り

基本の握り方

ラケットのグリップは 8 角形。2 面だけ幅が少し広くなっており、その面に親指の側面を当てます。「フォア」と反面の「バック」で打つときは、親指を立てて握るのが基本です。力まずに持ち、打つ瞬間にギュッと握り込みます。基本の握り方は、床に対し、ラケットの面が垂直になる「イースタングリップ」です。包丁を握るような形になります。

ルールと試合の進め方

シングルスもダブルスも基本的なルールは同じです。シャトルがコートに落ちたときや反則などにより、ラリーに勝ったほうに点が入ります。

シングルス

レシーブエリア

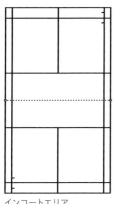

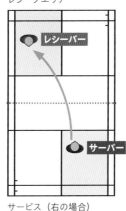

インコートエリア　　　　サービス（右の場合）

シングルスの場合

ラリーに勝った選手が次のサービスを行います。サービスは、自分の得点が偶数なら右、奇数なら左から。サービスを受ける相手は、その対角線の場所に立ちます。

ダブルス

レシーブエリア

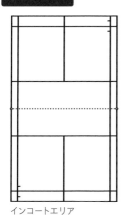

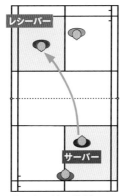

インコートエリア　　　　サービス（右の場合）

ダブルスの場合

ダブルスも、自分の得点が偶数なら右、奇数なら左からサービスを行います。サービスをしてラリーに勝ったら、同じ人が左右を変えて続けてサービス。ラリーに負け、相手にサービスが移ったときは、そのラリーが始まったときの位置のままです。

ルールの基本

試合はサービスに関係なく、ラリーに勝ったほうに得点が入る、「ラリーポイント制」です。1ゲームで21点を取ったほうが勝ち。ただし、20対20になった場合は、2点差がついた時点で終了。29対29となった場合は、30点目を先に取ったほうが勝ちとなります。2点差がつかなくとも30点で勝つため、最大で30対29です。公式試合は3ゲームマッチで行われ、先に2ゲームを先取したほうが勝利です。

ショットの軌道と役割

バドミントンの試合では、試合展開や相手の状況などによって、さまざまなショットを使い分けます。基本となるショットの役割と軌道を意識して練習しましょう。

●コートの奥側から打つショット

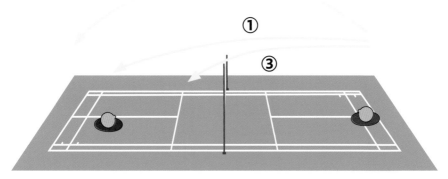

①**スマッシュ**　高い打点から鋭く打ち、相手コートにシャトルを叩きつけるようなイメージ

②**クリア**　スマッシュと同じようなフォームから高い軌道で相手コートの後方をねらう。高い軌道のものを「ハイクリア」、低く速いものを「ドリブンクリア」という

③**カット**　シャトルを切るように振り抜き、相手コートのネット際に落とすショット。切らずに当てて前方に落とすのが「ドロップ」

●ショートサービスライン付近から打つショット

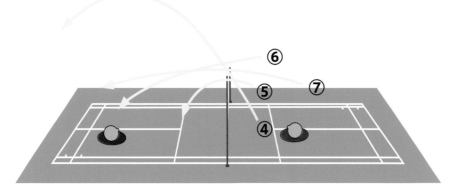

④**ロブ（ロビング）**　相手コートの奥に打ち上げて落ちてくるような、滞空時間が長いショット

⑤**ヘアピン**　相手のネット際に落として相手を前に動かすショット

⑥**プッシュ**　ネット際からシャトルを叩き、鋭い球筋でポイントを取りにいく

⑦**ドライブ**　軌道が床と平行になるようなイメージで打つスピードのあるショット

ショットの種類と役割

①スマッシュ

バドミントンの華でもある、攻撃的なショット。高い打点から、相手の前に突き刺すような軌道で決める。ジャンピングスマッシュは空中でラケットを振り抜く高度な技だが、さらに鋭角に打ち込むことができ、相手が身構えて足が止まるメリットもある。

②クリア

相手コートの後方に高く打ち上げ、体勢やポジションが崩れたときにラリーを立て直す役目が大きい。高く奥のほうまで打ち込むハイクリアと、低めの軌道で相手を後方へ追い込み、次の攻撃に展開していくドリブンクリアがある。

③カット

相手コートの前方に鋭く落とすショットで、スマッシュと同じフォームで打てればフェイントの効果もある。シャトルを切って当てるカットに対し、フラットに当てて打つのが「ドロップ」。相手をネット際に誘い、体勢を崩させて次の攻撃に転じるなど、うまく使えれば幅広く組み立てができる。

④ロブ（ロビング）

下から高く相手コートの奥に打ち、床に垂直に落ちてくるような軌道が理想で、その間に体勢を立て直せるのがメリット。コートの手前に打ち込まれたら、アンダーストロークで返す。高さとスピードを変えることで攻守の両方の役目を果たせる。

⑤ヘアピン

コート前方からネットの白帯ぎりぎりをねらい、相手コート前方に入れるショット。ネットを越える軌道が髪をとめるピンに似ているため、そう呼ばれる。ネットから浮くと叩かれるので、回転をかけたりコースを変えたり、繊細な技術が求められる。

⑥プッシュ

ネット前の最前線で打ち、ポイントを取りにいく力強いショット。ネット前に上がって詰め寄ったときや、相手の返球が浮いたときに素速く打ち込む。打ち返されたときは、短く速いラリーに転ずる場合が多いので、大振りせず次の展開に備えたい。

⑦ドライブ

床と平行の軌道でネットすれすれのところをねらうのが理想。特にダブルスのネット際の攻防は速いテンポのラリーになるケースが多く、確実に返し、相手のミスを誘えばポイントにつながる。ミスせず打ち返し優位に立てば、主導権を握ることができる。

自分や相手の体勢、状況を見極めて最適なショットを打ち分けよう。

バドミントン用語解説

バドミントンならではの専門用語やルールなど、基本的な用語を解説します（順不同）。本書を読む際の参照のほか、練習、試合がスムーズに進むよう理解しておきましょう。

フォア
ラケットを持っている側。

バック
ラケットを持っていない側。右手で打つ場合、「バック奥」はコートの左後方を指す。

テークバック
シャトルを打つときに、反動をつけるために体の後ろ方向にラケットと腕を引く動作。

フォロー（スルー）
ラケットとシャトルが当たったインパクトの後のラケットのスイングの動き。

ラウンド（・ザ・ヘッドストローク）
ラケットを持っている腕とは反対側（バック側）に来たシャトルを、フォアハンドで打ち返すショットのこと。

ストレート
自分から見てまっすぐに打つショット。

クロス
コートを対角線上に横切る軌道、または対角線方向に打つショット。

フリー（で打つ）
プレーヤーの打つコースやショットの種類などに制限がないこと。

トップ＆バック
ダブルスの陣形で、主に攻撃時に2人のプレーヤーが縦に並ぶ形。

サイド・バイ・サイド
ダブルスの陣形で、主に守備時に2人のプレーヤーが横に並ぶ形。

ハーフ（球）
コートの縦幅（ネットからバックバウンダリーライン）の中間で、サイドラインに近い位置。そこに落とすショットのことも指す。

ラリー
ネットを挟んで対した相手と、シャトルを落とさず打ち合うこと。

ホームポジション
どこに打たれても効率的に移動でき、打ち返せるように備える、軸となる立ち位置。

センター
コートの中央、または横幅の真ん中。ダブルスではプレーヤー2人の間も「センター」という。

前衛
ダブルスで、主にコートの前側（ネット寄り）でプレーする選手。

後衛
ダブルスで、主にコートの後ろ側でプレーする選手。

ローテーション
ダブルスで、2人のプレーヤーの前後や左右が入れ替わること。

足を運ぶ
手だけでシャトルを追うのではなく、的確に打ち返せる位置まで足を使って移動すること。

足を入れ替える
主に、上から打つときに半身（右手で打つ場合、右足が後ろ）の状態から、打ち終わった後に足の前後を逆にし、次のプレーの対応に備える動きを指す。

フットワーク
より速く、より正確に打ち返すために、コートの中を前後左右、斜めに移動する足の動きのこと。

サイドステップ
主に左右に移動するときに使う足の運び。反復横跳びのようなステップで、短い距離の移動に使う。

体を入れる
フットワークを使ってシャトルの落下地点まで行き、よい形で打てる体勢になった状態。

シャトルの下に入る
フットワークを使ってシャトルの落下地点まで行った状態。

（シャトルを）沈める
相手に下から打たせるため、ネットを越えたシャトルが下向きの軌道になるように打つこと。

タッチ・ザ・ネット
プレーの最中にラケットやウエアを含む体の一部がネットに触れる反則。

第1章

基本練習

スイングはバドミントンの基本中の基本。
全身の力をシャトルにしっかりと伝えられるのが理想です。
コツコツと反復練習に取り組んで、力強い振りを身につけましょう。

技術解説

オーバーヘッド
ストローク

(1) 構える姿勢からスタート

全身リラックス

☑ **CHECK!**

力がゼロの状態からのスタートが望ましい。難しい場合は脱力して、スイング時に力を入れる感覚を養おう。

(2) 軸足に重心移動して半身になる

左手を顔の前へ

軸足

☑ **CHECK!**

手だけで振らず、腰を入れ、下半身も使って振る準備。左手の肘が下がらないように注意。

アドバイス！

素振りだからといって、まったく実戦を意識しないのはよくありません。試合では速いショットを連続で打ち返さなければいけない場面もあり、ベストな体勢で打てるケースは少なく、動きながら打つほうが多いのです。素振りでも、タメを作りすぎず、テークバック小さめのコンパクトなスイングも取り入れましょう。素振りは反復練習。くり返すことで形をしっかり身につけてください。

③ ラケットを上から振り下ろす

上げた左手は胸のあたりに

④ しっかりと振りきる

重心を入れ替える　　前足

☑ CHECK!

シャトルの落下地点の下に入って、下半身も使ってラケットを振る。

☑ CHECK!

軸足から前足への体重移動をしっかりと意識。ラケットを振りきって、構えの体勢に戻すまでが「1本」。

▶️ 指導者 MEMO 🖊

素振りはさまざまなショットや場面をイメージし、アレンジすることも大切。練習や試合を重ねる中で、苦手なスイングや確認をしたいスイングが出てきたら積極的に振ることです。その際、映像を撮影しておくと、後で選手自身の感覚と実際の動きの違いなどを発見できます。

技術解説

アンダーストローク・フォア

レベル	初級
回数	30回× 3〜5セット

ねらい 下に落ちてくるシャトルを拾うスイングの素振り。ポイントは足。膝でコントロールするイメージで、シャトルが来る方向に足を踏み出して振る。初心者は肘から先をうまく使い、大きめに振るよう心がける。

1 シャトルを見る
イメージで構える

2 シャトルの方向に
右足を踏み出す

3 どこへ返すか
イメージして振る

左手で
バランスを
取る

膝を使う

技術解説

アンダーストローク・バック

レベル	初級
回数	30回× 3〜5セット

ねらい アンダーストローク・フォアと下半身や膝のイメージは同じ。異なるのは腕と手の使い方。バックは親指の力で押し出すようなイメージで振る。そのため親指をしっかり立てる握りに変えるのがベター。

1 シャトルを見る
イメージで構える

2 親指を立てた握り
に変えて右足を出す

3 押し出すように
ラケットを振る

menu **004**	技術解説 **サイドストローク・フォア**	レベル 初級
		回数 30回×3〜5セット

ねらい ドライブやレシーブを打つときのスイング。サイドに来たシャトルを体の横で打つ形だが、真横というよりも打点は斜め前くらいのイメージで振る。手打ちにならないようしっかり体重移動をして打つ。

1 シャトルを見る
イメージで構える

2 右足をシャトルの
方向に踏み出す

3 シャトルを叩く
感覚で振る

menu **005**	技術解説 **サイドストローク・バック**	レベル 初級
		回数 30回×3〜5セット

ねらい サイドストロークのバック。アンダーストロークのバック同様、親指を立てて握り、親指で押し出すようなイメージで振る。フォア同様、ドライブなどの強い球に対応するためにも、足はしっかり踏み出す。

1 シャトルを見る
イメージで構える

2 右足をシャトルの
方向に踏み出す

3 親指で押し出す
感覚でスイング

基礎動作

シャトル投げ
キャッチボール

レベル	初級
回 数	10往復

ねらい スイングのスピードアップをねらうメニュー。肩のウォーミングアップとしても使える。まずは届く距離から大きくしっかりと腕を振って投げること。シャトルの軌道をつかめる効果もある。

1 サイドラインの両端で向かい合う

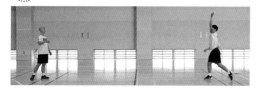

2 コルク部分を持ちリストを使って投げる

▶️ 指導者 MEMO 🖊

まずは無理なく届く距離から始めてもよいです。だんだん距離を広げていきましょう。シャトルは飛びにくいので、腕だけでなく体全体を使ってしっかりと投げないと、相手に届きません。オーバーヘッドストローク（P24）と同じ軌道で腕を振ります。リストまで使ってしっかりと投げましょう。

基礎動作

後ろに下がって
シャトルをキャッチ

レベル	初級
回 数	10回

ねらい ショートサービスラインに立ち、ノッカーが打ったシャトルを打つフォームを作り、利き手と逆の手でキャッチする。シャトルの下に素速く入るためのメニュー。

1 ショートサービス
ラインからノック

2 後ろに下がって
シャトルをキャッチ

打つ体勢を
しっかり作る

アドバイス！

飛んでくるシャトルを見ながら下がり、軌道の下にしっかり入りましょう。シャトルはただキャッチするのではなく、ラケットで打つ体勢を作って捕ることが大切です。

menu	基礎動作	レベル	初級
008		回数	3回×10セット

シャトル投げ
後ろに下がってスロー

ねらい　後ろに下がりスムーズにスイングするためのメニュー。シャトルを投げるため、よりしっかりと体勢を整えてスイングすることを意識する。

1 ショートサービスラインにシャトルを3つ置く

2 シャトルを1つ取り、バックバウンダリーラインまでバック走する

3 スマッシュを打つイメージでシャトルを投げる

4 ダッシュで再びショートサービスラインへ戻る

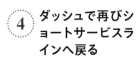

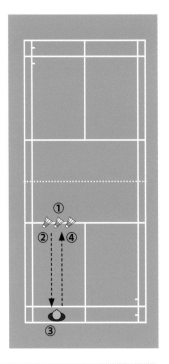

アドバイス!

シャトル投げ全般にいえることですが、ラケットを使わないことで、手首の使い方をより意識づけできる点が効果の1つです。リリース時の注意点は、ダーツのように腕だけで投げてしまわないこと。体全体を大きく使って投げないと意味がありません。その意味では、より大きくしっかり腕を使わないとシャトルが飛ばないので、スイングが小さくなってしまう選手にとっては矯正のために用いるメニューにもなります。投げる目標としては、できればネットを越えるくらいの距離をめざしてほしい。それだけ投げられれば、しっかりとスイングができている証拠といえます。また、ジャンプの際には、次の動きに備えて足の入れ替えが終えられていると、より素早くダッシュに入ることができ、実戦に役立つ練習にもなるでしょう。

壁際で素振り

> **ねらい** スイングが横振りになりがちな選手が矯正のために行う。最初は窮屈に感じても、正しいフォームを身につけるのに効果的。壁に当たらない感覚を得たら、徐々にスイングスピードを上げる。

1 壁際に立ち テークバック

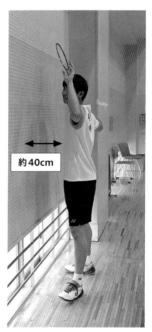

約40cm

2 半身でしっかり 腰を入れてスイング

3 体重移動をして 振りきる

▶️ 指導者 MEMO ✏️

最初はスイングスピードは意識せず、正確なフォームを身につけましょう。フォームが身についたらスイングスピードを上げていきます。また、バドミントンのラケットよりも重い、テニスやスカッシュのラケットでスイングをして、筋力を鍛えてもよいでしょう。

 NG

壁を怖がってしまい、体を壁から離して生まれた広い隙間で振ってしまっている。肘が縦から出るようなスイングにならず、横振りになってしまいがち。縦から振り出せば、40cm程度の隙間でもしっかりスイングできる。

		レベル	初級
menu	素振り	回数	30回× 3〜5セット
010	# タオル打ち		

ねらい ▶ シャトルを打つインパクトの感覚を身につけるためのメニュー。タオルの吊るし方は、人が持つほか天井や木などから垂らす方法もある。打ち手はタオルの高さに合わせて、立っても座ってもOK。

1 腕を伸ばしてラケットが来る位置に
タオルを垂らす

2 タオルを打つ瞬間に
力を入れる感覚でスイング

3 手打ちにならないよう
体全体を使って振りきる

☑ **CHECK!** 正しいスイングかどうかは音でチェック。ラケットがまっすぐタオルに当たれば「パンッ」といい音がする。きちんと当たらなかったり、力を入れるタイミングがずれていたりすると「バサッ」という音になってしまう。

シャトルリフティング

ねらい 落ちてくるシャトルをとらえる感覚をつかむメニュー。サッカーのリフティングのようなイメージでシャトルを真上に打ち続ける。ラケットの長さやリーチの感覚を体に染み込ませる効果もある。

《 技術ポイント 》 肘の使い方

1 シャトルをよく見てフォアで打つ

2 バックで打つ

▶フォアとバック交互に2分間、打ち続ける

✔ CHECK!

ポイントになるのは肘。肘を伸ばしたままにせず、やわらかく使う。フォアとバックの両方を使うので握り替えの練習にもなるが、初心者はフォアだけから始めてもよい。

アドバイス！

バドミントンは上から打つスイングのほうが、タイミングが取りやすく当てやすいものです。下に落ちてくるシャトルを打つほうが難しいので、このメニューでしっかり感覚をつかみましょう。

第 **2** 章
フットワーク

バドミントンというと、ついラケットワークに目が行きがちですが、
力強く、正確で、粘り強いプレーの源は、その大半をフットワークが占めています。
実戦をイメージしながら強化に努めましょう。

技術解説（足さばき）

コートダッシュ・前後

レベル	初級
回 数	5往復×3セット

ねらい ▶ フットワーク強化のメニューの1つであり、初心者にとっては「これくらい走るとコートの端から端まで行ける」というコートの広さの感覚を体に染み込ませる効果もある。

《 技術ポイント 》

止まり方

☑ **CHECK!**

ホームポジションを意識して、両足で踏み込むこと。

1 バックバウンダリーラインからネット付近までダッシュ

2 バックバウンダリーラインまでバック走で戻る

アドバイス！

ダッシュをくり返すことにより、コートの広さなどの感覚を、体に染み込ませます。

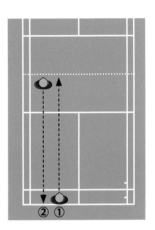

② ①

技術解説（足さばき）

コートダッシュ・クロス

レベル	初級
回 数	5往復×3セット

ねらい ▶ 相手にクロスから打たれた場合など、試合でのダッシュの距離が一番長くなるケースを想定したフットワーク強化メニュー。コートダッシュ・前後と同様、止まるときは両足で踏み込む。

▶▶ 指導者 MEMO

バドミントンは、床にシャトルが着いたら負けです。常にシャトルの下に入らなければなりません。どんなにラケットワークの技術が高くても、追いつかなければその技術が生きません。シャトルの下に素速く入ることで、相手にプレッシャーを与え、有利にラリーを進められます。

1 コートの奥の角から対角線のネット付近までダッシュ

2 バック走で戻る

アドバイス！

試合で一度に走る距離は短いので、1歩目でトップスピードにもっていくようにします。

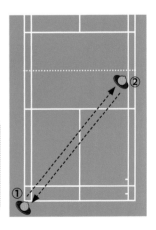

② ①

menu 014　技術解説（足さばき）

コートダッシュ・N字

レベル　初級
回数　5往復×3セット

> **ねらい**　コートダッシュ・前後とコートダッシュ・クロスの組み合わせ。バドミントンは、運動量が想像よりも多く、運動強度が高い。走る距離が増えることで、体力強化の効果も期待できる。

1. **バックバウンダリーラインの左端からネット付近までまっすぐダッシュ**
2. **バックバウンダリーラインの右端へバック走**
3. **ネット付近までまっすぐダッシュ**
4. **バックバウンダリーラインの左端へバック走**

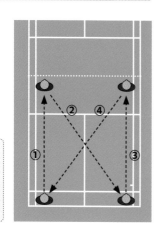

アドバイス！

ホームポジションを想定して、1つひとつの動きの最後は、両足で踏み込むことが大切。疲れてくるとダッシュやストップなどが疎かになりがちですが、きちんとやり抜くことを心がけましょう。

menu 015　技術解説（足さばき）

バックラインを使った足の入れ替え

レベル　初級
回数　20回×3〜5セット

> **ねらい**　足の入れ替えをスムーズに行うためのメニュー。上半身と下半身の動き、体重移動を意識しながらリズミカルに。数をこなして動きとリズムを体に染み込ませる。ラケットを持ちながらやってもOK。

1. **バックバウンダリーラインとロングサービスラインをまたいで立つ**
2. **打つ動作に合わせてジャンプする**
3. **振り抜くと同時に両足を入れ替える**

右足が後ろ
左足が前

ダブルスの
ロングサービス
ライン

技術解説（足さばき）

シャトル置き・
前V字

| レベル | 初級 |
| 回数 | 5往復× 3セット |

ねらい ネット前のフットワーク、ラケットを振る前の足の動きを強化する。ステップを細かく刻み、利き足を かかとから着地させる感覚で強く踏み出し、利き手でシャトルを取る。

《 **技術ポイント** 》

利き手で拾う

✔ **CHECK!**

実戦の感覚を養うために、最後に 一歩踏み込むのは必ず利き足で。 シャトルは利き手で拾うこと。

▶コート左前に
シャトルを5つ並べてスタート

1 コート左前に置いた シャトルを拾う

2 センターポジション に戻る

3 逆サイドのネット下 にシャトルを置く

▶センターポジションからスタート。
必ず戻ってから次の動きへ移る

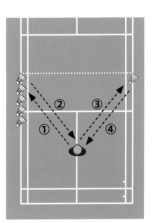

技術解説（足さばき）

シャトル置き・
サイド

| レベル | 初級 |
| 回数 | 5往復× 3セット |

ねらい サイドへのスマッシュに対する動きをイメージしたシャトル置き。シャトルを拾ったら、次の攻撃に 備えて素速くセンターに戻り、しっかり構えてから逆サイドへ動く。

1 センターからサイドステップで移動

2 サイドラインに置いたシャトルを拾い、 センターに戻る

3 逆側の真横にサイドステップして、 サイドラインにシャトルを置く

4 センターに戻る

▶左サイドラインに
シャトルを5つ並べてスタート

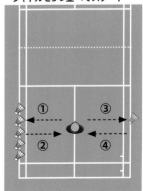

≫▌ **指導者 MEMO** ✎

シャトルは適当に置くと転がってしまいます。しっかりと踏み込 み、安定した体勢でシャトルをきちんと立てて置くことで、より 質の高いメニューになります。

menu 018	技術解説（足さばき） シャトル置き・ 後ろV字	レベル 初級 回 数 5往復を 3セット

ねらい コート奥へのフットワークを想定したシャトル置き。バック奥にはハイバックで入る。バック奥への移動の際は、体の切り返しを速くするのがポイント。

▶コートの右後ろにシャトルを5つ置いてスタート

① センターポジションで構える

② ステップを刻んで斜め後方へ

③ 利き足を踏み出しシャトルを拾う

④ センターポジションに戻り構える

⑤ 逆サイドの後方へシャトルを置く

⑥ センターポジションに戻り構える

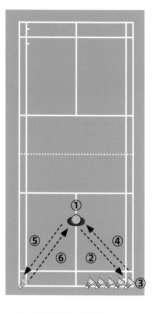

指導者MEMO

バドミントンはついラケットワークに目が行ってしまいますが、実際はフットワーク7割、ラケットワーク3割という競技。優れたフットワークでシャトルに追いついたり下に入ってよい体勢を作ったりすることは勝利につながります。フットワークを鍛えることで、粘り強い選手になることができます。スピードや筋力アップのトレーニングにもなるので、キツさもありますが、しっかり取り組みましょう。

技術解説（足さばき）

シャトル置き・
5カ所

レベル	初級
回　数	40秒× 3〜5セット

ねらい　試合での動きを想定したメニュー。シャトルを5カ所に置き、ステップを刻んで移動し、好きなシャトルを取ったらセンターポジションに戻って構え、空いている場所に置く。これをくり返す。

※この選手は左利き

NG

上体が前傾しすぎていて、踏み込みもやや浅い。頭から落ちているのも気になります。スピードを出すことにとらわれると、このようなフォームになってしまいがちです。苦しくても1つひとつの動きを疎かにせず、かつスピードを上げて行いましょう。

▶コートのセンターからスタート

1　**5カ所に置いたシャトル
　いずれか1つを取る**

2　**センターに戻る**

3　**空いている場所に置く**

4　**センターに戻る**

▶「40秒で何カ所から拾って置けるか」にチャレンジする

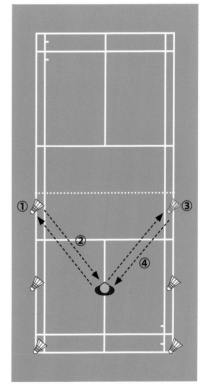

アドバイス！

メニュー19は自分の好きな場所のシャトルを取りにいってかまいませんが、「フォア前」「バック前」など、相手の攻撃をさまざまに想定することが大事。心の中で「ドロップが来た」「クリアを打たれた」など試合をイメージしましょう。口に出しながら動いてもOK。何も考えなければ速く動けるかもしれませんが、それでは意味がありません。自分の苦手な動きを把握しておくことも大切です。

menu 020	技術解説（足さばき） **指示つき フットワーク**	レベル	初級
		回　数	20回× 3〜5セット

ねらい 実際にラケットを持って行うフットワーク強化のメニュー。指示者が指示を出す6方向へ、指示に従って動く。指示が出たら試合を想定して、瞬時に反応して素速く動くこと。

▶6方向とは、フォア前・バック前、フォア奥・バック奥、左サイド・右サイド

① **指示者がラケットで
指示を出す**　　② **指示に従って動き
スイングする**

📣指導者 MEMO🖊

このメニューはシャドーボクシングのようなイメージです。大事なのは、外から見て、どんな攻撃に対応して打っているのか、今、どんなショットを打っているのかがわかること。また、慣れてきたら、方向だけでなく、シャトルの高さやスピードなど、より細かい指示を出してもらいましょう。

menu 021	技術解説（足さばき） **指示つき フットワーク・逆**	レベル	初級
		回　数	20回× 3〜5セット

ねらい 指示つきフットワークの逆バージョン。指示者が出した方向と逆に動いてラケットを振る。逆をつかれたときの動きの練習という意味合いが大きい。

① **指示とは逆方向に
動いてスイング**　　② **ホームに戻り
次の指示に従う**

📣指導者 MEMO🖊

指示つきのメニューは指示を出すほうも大事。打ち手がセンターポジションに戻る直前で指示を出すと、打ち手を迷わせることができます。また、実戦ではフットワーク中に相手の攻撃を判断するケースもあります。早めに指示を出すなどして、イレギュラーに慣れさせることも大事です。

技術解説（足さばき）

鏡合わせのフットワーク

レベル	初級
回数	20回×3〜5セット

ねらい 2人組で行い、先攻の動きに後攻が鏡合わせのように同じ動きをするメニュー。先攻後攻ともにフットワーク強化が目的だが、先攻は相手を攻めるイメージトレーニング、後攻は判断力を磨くことにもつながる。

1 先攻が6方向（メニュー020参照）のうち好きな方向に動く

後攻

先攻

2 後攻が先攻と同じ動きで追いかける

《 技術ポイント 》

必ずセンターに戻る

指導者 MEMO

先攻後攻両方にトレーニング効果はありますが、特に後攻は判断力を磨くにはうってつけ。後攻は、先攻の足運びや体の動きなどをよく見て、次の動きを瞬時に判断しながら取り組んでください。先攻は後攻より少し上のレベルの選手に務めてもらうと、より練習効果が高まります。

アドバイス！

先攻も後攻も、必ずセンターポジションに戻ってから動き出すことを徹底しましょう。後攻は自分が動きながら相手の動きを把握する必要があります。実際のラリーの中でも相手のポジショニングや体勢などの情報を把握できれば有利にラリーを展開することができます。メニュー022は、その感覚を養うためのメニューでもあります。

第 3 章

カット

相手の足を止め、体勢を崩させる目的だけでなく、エースショットにもなり得るカット。
ゆっくりしたテンポからスタートして、
オーバーヘッドストロークのフォームを確立しましょう。

技術解説（ノック）

椅子にタッチして
フォア奥でカット

レベル	初級
回 数	10本× 3〜5セット

ねらい 基本ショットの1つ、上から打つカットの習得。最初はゆっくりと、軸足に乗ってテークバック、両足を入れ替えてセンターに戻る。反復練習によって基本動作を体に染み込ませる。

1 センターに置いた椅子に
ラケットでタッチ

2 フォア奥からカット

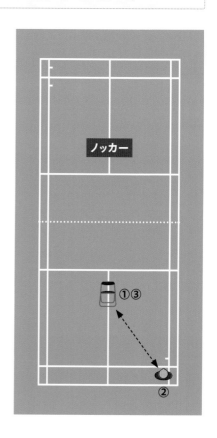

ノッカー

①③

②

3 センターに戻って
ラケットで椅子にタッチ

タッチ

アドバイス！

最初は高くゆっくりした球出しをしてもらい、シャトルの下にしっかり入って、体の前でとらえて打つ感覚を身につけます。まずはフォーム作り。慣れてきたらスピードを上げたり高さを変えたり、ノッカーに変化をつけてもらいましょう。どの段階でもシングルスの試合を想定して、必ずセンターに戻ることを徹底してください。

menu	技術解説（ノック）	レベル	初級

024

椅子にタッチして ラウンドでカット

<table>
<tr><td>回数</td><td>10本×
3〜5セット</td></tr>
</table>

ねらい 初級者が苦手とするバック奥、ラウンドから打つことを反復練習で早めに克服。しっかり足を動かして体をシャトルの下に入れ、体の前でとらえて正確に打つ動きを身につける。

① センターに置いた椅子に ラケットでタッチ

☑ **CHECK!** 椅子にタッチしたら、体を切り返してラウンドの体勢になり、バック奥へ。

② バック奥からラウンドでカット

☑ **CHECK!** ラウンドは打点が後ろになると打てないので、しっかり体を入れて打つ。

③ センターに戻って ラケットで椅子にタッチ

戻って
椅子にタッチ

☑ **CHECK!** 打ち終わりで体が流れないように、左足で強く蹴って前に出てセンターへ。

▶ 指導者 MEMO 🖊

フォア奥からのラウンドもバック奥からのラウンドも、ゆっくりしたテンポの球出しで、ストレートに打つことからスタート。まずは、確実にネットを越える打ち方を身につけてください。そのうえで、センターへ、クロスへと、打てる範囲を広げていきます。どのコースも手先だけでコントロールするのではなく、シャトルの下まで足を運んで、体の前でとらえて打つことを徹底させましょう。ラケット面を斜めにしてシャトルを切って打つ「カット」、フラットに当てて落とす「ドロップ」と、打ち方のバリエーションも増やしていきましょう。

技術解説（ノック）

椅子にタッチして V字に動いてカット

レベル　初級

回　数　20本（左右
10本ずつ）×
3〜5セット

ねらい フォアとラウンドを交互に、V字に動きながらカットを打つ。打ったらセンターに戻り、体を切り返してフォア、ラウンドへ。連続動作の中で正確に打てるようになることをめざす。

1 センターに置いた椅子に ラケットでタッチ

✔ CHECK! タッチしてフォア奥へ。手打ちにならないように、シャトルの下まで足を運ぶ。

2 フォア奥からカット

✔ CHECK! しっかり体を入れて、スマッシュ、クリアと同じフォームで打つのが理想。

3 センターに戻って ラケットで椅子にタッチ

タッチ

体を切り返して
バック奥へ

✔ CHECK! 打ち終わったら、力強く左足を蹴って前に出て、センターの椅子にタッチ。

4 ラウンドでカット ① に戻る

✔ CHECK! ラウンドもしっかり体を入れて打つ。打ち終わったら素速くセンターに戻る。

技術解説（ノック）

クロスカット（フォア）

レベル	中級
回　数	20回を3〜5セット

ねらい ▶ 相手の足を止める、体勢を崩す、決めにいく、自分が逃げるなど、多くの用途があるクロスカット。スマッシュと同じスイングで打てるように、数をこなして身につけておく。

1 テークバック

✔ CHECK!

相手を惑わせるため、強いショットと同じ形でテークバック。

2 インパクト

✔ CHECK!

体の前でシャトルをとらえ、ラケット面を斜めにして、切るように打つ。

3 フォロースルー

✔ CHECK!

スイングが弱いと失速してネットにかかってしまう。押し出すように。

アドバイス！

飛距離が長くなるクロスカット。なかなか入らないという人は、しっかり足を運んで体の前でシャトルをとらえ、押し出しながら打つことを心がけてください。スイングはゆるめず、スパッとラケットを振り抜きましょう。スマッシュやクリアと同じフォームで打てるようになるのが理想です。

《 技術ポイント 》 クロスカットの当て方

✔ CHECK!

ラケット面を斜めにして振り出す。

✔ CHECK!

シャトルの横を切って当てる。

技術解説（ノック）

リバースカット

レベル	上級
回数	20回を3〜5セット

① テークバック

✔ **CHECK!**

シャトルの下に入り、後ろ足にしっかり乗ってテークバック。

② 体重移動しながら振り出していく

✔ **CHECK!**

スマッシュやクリアと同じように、ラケットを振り出していく。

③ 面を外側に向けてインパクト

✔ **CHECK!**

ラケット面を外側に向けて、シャトルをとらえる。

⊱⊱ 指導者 MEMO ✐

リバースカットは、ラケットを振り下ろした方向と逆にシャトルが飛ぶショットです。言葉で説明するのは難しいのですが、打つ瞬間にラケット面をかぶせるように、上腕をねじってスイングします。「押し出すように切る」ともいいますが、感覚は人それぞれ。できるだけたくさん打たせて、マスターさせてください。

③ 🔍 拡大

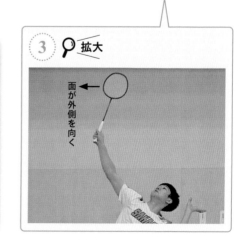

面が外側を向く

スイングとは逆方向にシャトルが飛んでいくリバースカットは、相手を惑わせるショット。苦しい体勢から一発逆転も可能だ。上級レベルのショットだが、ノック練習に取り入れることでコツをつかめる。シャトルをとらえる位置、スイング軌道、体の使い方など、人それぞれの感覚によるところが大きいので、数をこなしながら習得していきたい。

ねらい ▶

④ シャトルの横を切るように打つ

☑ CHECK!

ラケット面が外側を向いたまま、シャトルの横を切るようにして打つ。

⑤ 手の甲が内向きで振り下ろす

☑ CHECK!

打ち終わりは手の甲が内側を向く。そのままラケットを振り下ろす。

⑥ フォロースルー

☑ CHECK!

前足に体重移動。フォロースルーまでしっかりシャトルに力を伝える。

④ 🔍 拡大

面が外側 ← 手の甲が内側

⑤ 🔍 拡大

手の甲が内側

面が外側 ←

ノック

ネット前→センター→ ストレートに下がってカット

レベル　初〜中級

回　数　4カ所を5周

ねらい ネット前で素振り、センターに戻って、下がってカット。コート内の4カ所を動きながら、正確にカットを打つ。ネット前を素振りにすることで、カットに集中できる。

《 **技術ポイント** 》 **必ずセンターで構える**

✔ CHECK! センターから出てネット前へ。素振りはロブでもヘアピンでも OK。

✔ CHECK! 前から後ろ、後ろから前へと動く間に、必ず一度センターで構える。

✔ CHECK! 後ろからカット。打ち終わったら前に出て、センターで構える。

1 フォア前で素振り

2 フォア奥からカット

3 バック前で素振り

4 ラウンドでカット

▶すべてセンターに戻って構える動作を入れる

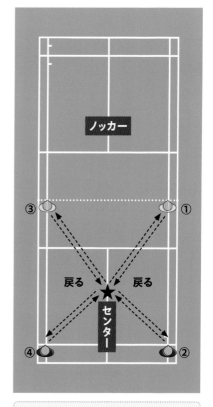

アドバイス！

前から後ろへ、後ろから前へ、センターを素通りしないこと。ノッカーは構えたのを確認してから、球出ししてください。

menu

029

ノック

ネット前→センター→クロスに下がってカット

レベル　初～中級
回 数　4カ所を5周

ねらい メニュー028がセンター経由でストレートに下がったのに対し、センター経由でクロスに下がってカット。センターに戻ることを疎かにせず、しっかり足を動かしながらシャトルを打つ。

《技術ポイント》 必ずセンターで構える

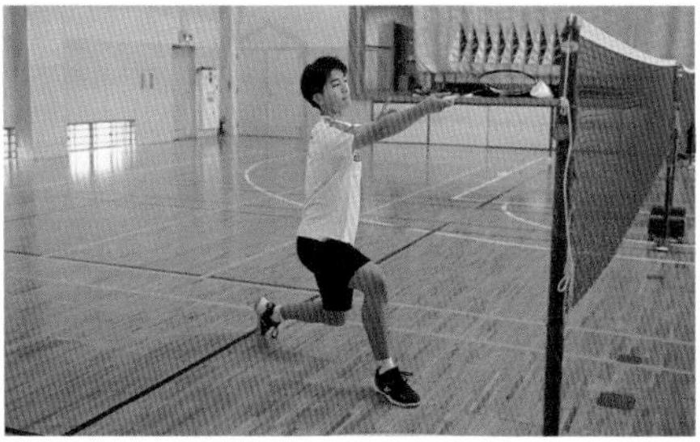

CHECK! センターから出てネット前へ。ヘアピンの素振りはロブより高い位置で。

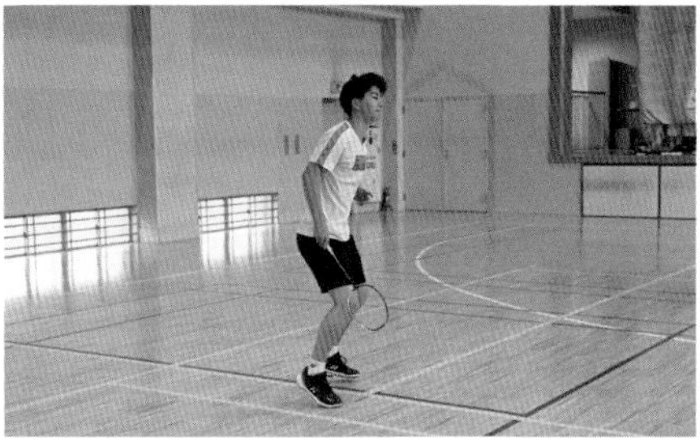

CHECK! 必ず一度センターに戻り、ラウンドに入る体の切り返しなどを意識する。

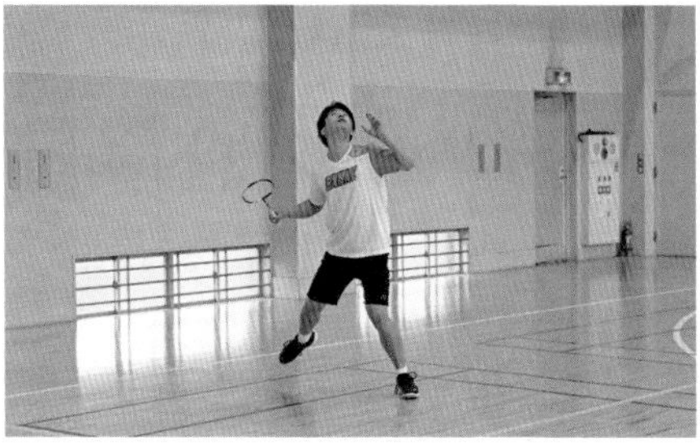

CHECK! 特にラウンドはしっかり足を運んで、よい体勢で打つことを覚える。

1 フォア前で素振り
2 ラウンドからカット
3 バック前で素振り
4 フォア奥からカット

▶すべてセンターに戻って構える動作を入れる

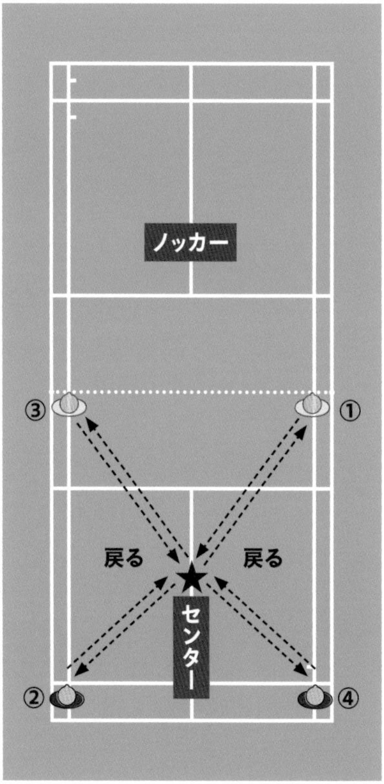

アドバイス！

ネット前の素振りは、ロブでもヘアピンでもプッシュでもOK。どのショットなのか、試合を想定しながら振りましょう。

030

ノック

フリーでカット

ねらい　シャトルがどこに上がってくるのかわからない中、相手をよく見て、打たれた瞬間に即反応。一歩目の動き出しを速く、しっかり床を蹴って力強く足を使って動き出すことを覚える。

① コート全面、ランダムに飛んでくるシャトルを、すべてカットで返す。

ノッカー

✔ CHECK!

相手 (ノッカー) をよく見て、打った瞬間に反応して動き出す。特に一歩目を速く、強く蹴り出して、足を使ってシャトルの下に入ることを意識する。

≔▶ 指導者 MEMO 🖊

1対1のノックは、選手が好きなように打てる練習です。だからこそ、目的をハッキリさせましょう。ラウンドが弱いのか、フォア奥からのミスが多いのか、低いロブの対処がまずいのか…。選手がセンターに戻ってから、それぞれに合わせた球出しを心がけてください。

031

2対1

ストレートロブを
ストレートとクロスに打ち分け

ねらい　攻撃的なカットで仕掛ける、不利な体勢になったら「つなぎ」に徹するなど、試合を想定して、ストレートとクロスに打ち分ける。5分間ノーミスで打ち続ける体力もつける。

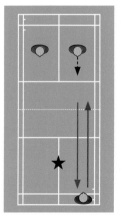

① 2対1で2側がレシーブ 1側がカット

2側は半面ずつ守り、カットをストレートロブで返す。1側はセンターに戻りながら、全面でカット。コースは自由。

② 1側のクロスカットに対して 2側がストレートロブ

1側のクロスカットを、2側がストレートロブでサイドチェンジ。1側は自分から仕掛ける意識でクロスに打つこと。

✔ CHECK!

2側は、常にストレートロブで返す。

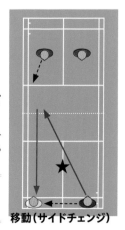

移動(サイドチェンジ)

第 4 章

クリア

バドミントンの基本ショットであるクリア。
試合で使う場面を意識して、
コートの奥から奥までしっかり飛ばせるように練習しましょう。

技術解説（ノック）

椅子にタッチしてクリア
（前後の動き）

レベル　初級

回　数　10本×
　　　　3〜5セット

> **ねらい**　コートの奥から奥まで飛ばすクリア。まずは前後の動きの中で、きちんと打てるようにする。足を使ってシャトルの下に入り、しっかりラケットを振れる形を身につけていく。

① ショートサービスライン付近の椅子にラケットでタッチ

② まっすぐ下がってクリア

✔ **CHECK!** 打ち終わったら必ず前に戻ること。

《 **技術ポイント** 》 足の入れ替え

半身になって下がり、後ろになった右足に乗ってテークバック。

打ちながら両足を入れ替える。打点は体の後ろにならないこと。

入れ替えて後ろになった左足で、力強く蹴り出して前へ。

技術解説（ノック）

椅子にタッチして
フォア奥でクリア

レベル　初級

回　数　10本×
　　　　3〜5セット

> **ねらい** ▶ センターから斜め後ろ、フォア奥に下がってクリア。フォアは手を伸ばせばなんとなく打ててしまうことも少なくないが、足を使って体を入れて打つフォームを早い段階で体に染み込ませる。

1 コート前方に置いた椅子にラケットでタッチ

ホームポジション

2 フォア奥に下がってクリア。打ったらセンターに戻る

技術解説（ノック）

椅子にタッチして
ラウンドでクリア

レベル　初級

回　数　10本×
　　　　3〜5セット

> **ねらい** ▶ センターからバック奥に下がって、ラウンドでクリア。初心者にはやや難しいが、力強く足を蹴り出してシャトルの下に入り、全身を使って飛ばすフォームを身につける。

1 コート前方に置いた椅子にラケットでタッチ

2 バック奥からラウンドでクリア。打ったらセンターに戻る

左足で強く蹴って前へ

技術解説（ノック）

椅子にタッチして
V字に動いてクリア

レベル　初級

回　数　20本（左右
10本ずつ）×
3〜5セット

ねらい　センターから、フォアとラウンドにV字に動きながらクリア。打ったら前に出て、すぐ逆サイドへ。
連続動作になるので、大振りしないこと。効率のよい動きで力強く飛ばしたい。

1　フォア奥からクリア

2　センターに戻って椅子にタッチ

3　ラウンドからクリア

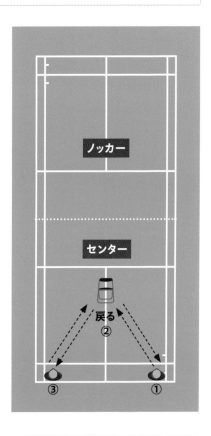

アドバイス！

V字に動いて連続20本のクリアは試合
ではほとんどなく、体力作りの効果もあ
ります。キツくなると体勢が崩れるので、
後半は特にフォームを意識。力まず楽に
打てる理想のフォームをつかみましょう。
安定して打てない場合は、椅子にタッチ
してから高めに球出ししてもらうようにし
てください。

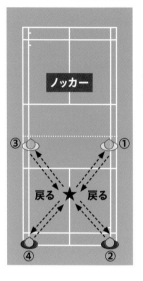

menu 036

ノック

ネット前→センター→ ストレートに下がってクリア

レベル　初～中級

回数　4カ所を5周

> **ねらい**　ネット前で素振り、センターに戻って、下がってクリア。コート内の4カ所を動きながらクリアを打つ。動き続けながら体勢を崩さず、しっかり奥まで飛ばす感覚を身につける。

1 フォア前で素振り

センターからフォア前へ。素振りはロブでもヘアピンでも OK。

2 フォア奥でクリア

センターポジションで構えてから、フォア奥に下がってクリアを打つ。

3 バック前で素振り

一度センターポジションに戻って構えてから、バック前で素振り。

4 ラウンドでクリア

センターポジションで構えてから、ラウンドでクリアを打つ。

menu 037

ノック

ネット前→センター→ クロスに下がってクリア

レベル　初～中級

回数　4カ所を5周

> **ねらい**　メニュー 036 がセンター経由でストレートに下がったのに対し、センター経由でクロスに下がってクリア。体を切り返す動作が入ることに注意。あおられてもしっかり押し返す。

1 フォア前で素振り　　**2 ラウンドでクリア**

3 バック前で素振り　　**4 フォア奥でクリア**

▶■ 指導者 MEMO 🖊

メニュー036も037も、連続して20カ所を動くうち、センターを走り抜けてしまう選手がいます。シングルスの試合を想定して、センターに戻る意識を徹底させてください。また、クリアはラリーを立て直す役割を担うショットです。体勢を崩さず正確にコート奥まで飛ばす、距離と高さを意識して丁寧に打つことが大事です。

ノック

フリーでクリア

ねらい ランダムに飛んでくるシャトルをすべてクリアで返す。シングルスの試合を想定して、センターに置いた椅子に必ずタッチすること。動きながら体勢を崩さず、ねらったコースに打ち分ける。

《 技術ポイント 》

追い込まれてもラケットを振り抜く

フォア奥

✔ CHECK! 追い込まれて打点が低くなっても、ラケットを振って飛ばすことを覚える。

バック奥（ラウンド）

✔ CHECK! ラウンドはしっかり体を入れて、ラケットを強く振れるポイントをつかむ。

1 コート後方に飛んでくるシャトルを、すべてクリアで返す

2 クリアを打ったら、コート前方に置いた椅子にラケットでタッチ

ノッカー

必ずタッチする

アドバイス！

ノッカーは、選手がセンターの椅子にタッチした瞬間に球出し。より実戦に近いノックです。足を使って体勢を整えながら、相手を追い込むのか、ラリーを立て直すのか、試合を想定したコースにクリアを打ち分けます。クロスクリアは低くなりがちなので、特に高さを意識してください。

menu
039

1対1

椅子にタッチして
ストレートクリアの打ち合い

レベル　初〜中級

回　数　5分×2カ所

ねらい ▶ 生きたシャトルを打ち合う1対1はノックよりテンポが速いので、「打ったらセンターに戻る」をより速く。5分間ノーミスで打ち合って、コートでの体力もつける。

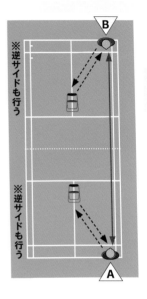

1 センターの椅子にタッチして
ストレートクリアを打ち合う

椅子にタッチして、A はフォア奥から、B はラウンドから、ストレートクリアを打ち合う。逆サイドも行う。

アドバイス!

「クリアを打ってセンターに戻る」は、ノックから1対1になると慌ただしく感じます。戻る時間を作るために、クリアはコート奥まで高く飛ばすこと。軸足から前足への重心移動、打った勢いで前に出る感覚も大事です。5分間続かない場合は、回数で区切ってミスなく打ち続けてください。

menu
040

1対1

椅子にタッチして
クロスクリアの打ち合い

レベル　中級

回　数　5分×2カ所

ねらい ▶ ストレートより距離が長いクロスは、より強く、高さも意識して飛ばすこと。試合ではあまり使わないが、この一本で一発逆転できる場面もある。ぜひ、身につけておきたい。

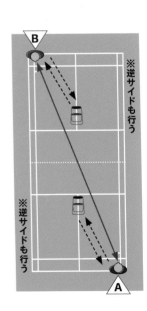

1 センターの椅子にタッチして
クロスクリアを打ち合う

椅子にタッチして、A も B もフォア奥から、クロスクリアを打ち合う。逆サイドも行う。

アドバイス!

コート内で最も長い距離を打ち合うクロスクリアは、甘くなればなるほど自分が苦しくなります。飛ばそうと力むとフォームが崩れるので、常に同じフォームと打点で打てるように。体がキツく疲れがたまっていく中で、自分の理想のフォーム、ベストの打点をつかんでいきましょう。

1対1

ストレートとクロスの
打ち分け

レベル　中級

回　数　5分×2カ所

> **ねらい** 1人はストレートのみ、もう1人がストレートとクロスを打ち分ける。クロスで仕掛けるタイミング、クロスに打てる自分なりのポイントを、長い打ち合いの中でつかんでいく。

1 ストレートクリアを打ち合う

✔ **CHECK!** 1対1でストレートクリアを打ち合う。必ずセンター（★）に戻ること。

2 A がクロスクリアを打ったら B はストレートクリアで返す

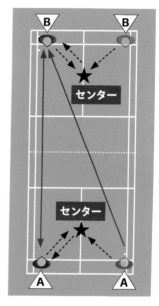

✔ **CHECK!** A がクロスクリアを打ったら、B はストレートクリアでサイドチェンジ。

アドバイス！

1対1でクリアを打ち合う中で、1人がコースを変える、実戦に即したパターン練習です。仕掛ける側の A は、追い込まれた状況でクロスクリアを打つと、甘くなったところをストレートに抜かれて命取りに。追い込まれているときは、ストレートクリアでしっかり奥へ。打ち合いの中で、クロスに打てるタイミング、ポイント、感覚をつかみましょう。B は左右に振られながら、ストレートクリアを高く深く、正確に打つことを覚えます。

📢 指導者 MEMO ✏

どちらもセンターに戻ること。さらに、不利な体勢からクロスクリアを打っていないか、注意して見てください。相手があまり動かずに打ち返しているクリアは、距離や高さが不十分です。特に高さについては、打ち合っている選手は気づきにくいもの。指導者がよく見ておきたい部分です。

第 5 章

スマッシュ

バドミントンの華、一番の決め球となるスマッシュ。
ラケットを強く振って打つために、
足を使ってシャトルの下に入ることを大事にしましょう。

技術解説（手投げノック）

ネット前からスマッシュ

レベル	初級
回数	20本×3〜5セット

ねらい ネット前に立って構え、まずはゆっくりしたテンポで高く投げられたシャトルを、下に向けて打ち込む。シャトルをよく見て、体の前でとらえて打つ感覚を身につける。

① テークバック

☑ **CHECK!**
向かってくるシャトルをよく見てテークバック。ここで力まないこと。

② インパクト

☑ **CHECK!**
体の前、クリアに比べると斜め前の位置でシャトルをとらえて打つ。

③ フォロースルー

☑ **CHECK!**
力んで大きなスイングにならないように、ラケットをスパッと振り抜く。

《 技術ポイント 》

足を止めてフォーム固め

☑ **CHECK!** まずは上半身の動きだけ。シャトルをよく見て、体の前でとらえて打つことを覚える。

アドバイス！

ネット前に高く上がったシャトルを体の前でとらえ、下に向けて打つ感覚を身につけます。ラケット面が下を向きすぎるとネットにかかり、上を向くとシャトルが飛びすぎてアウトになってしまいます。自分にとって一番打ちやすいグリップ、位置、タイミングをつかみましょう。

▶️ 指導者 MEMO 🖊

まずは、上半身のフォーム固めから。初心者にはゆっくりとしたテンポで、高くシャトルを投げてください。コルクを持って下から投げると、選手が打ちやすい軌道になります。シャトルの筒など、的になるものを置いて、コントロールを高める要素を加えてもOK。練習の雰囲気も盛り上がります。

menu
043

技術解説（手投げノック）

ネット前から2歩下がって スマッシュ

レベル	初級
回数	10本× 3〜5セット

ねらい ネット前から2歩下がってスマッシュ、打ち終わったらネット前に戻る。基本的な前後のフットワークを入れながら、ラケットを振り抜いて力強く打つ形を体に染み込ませる。

① ラケットでネットにタッチして まっすぐ2歩下がる

右足に乗る

② スマッシュ

両足を入れ替える

③ 打った勢いで前に出る

左足で蹴り出す

ノッカー

③ ①

②

アドバイス！

ネット前から後ろに下がるとき、慌てて顔でシャトルを追いかけないこと。半身になって、一歩目からしっかり蹴り出して下がります。足で追いかけることを、体に覚え込ませてください。最後は右足に乗り、スマッシュを打つ瞬間に両足を入れ替え、左足で力強く蹴り出して前に出ます。まずは、いい形作りからです。

技術解説（ノック）

椅子にタッチして フォア奥でスマッシュ

レベル	初級
回数	10本× 3〜5セット

ねらい センターに置いた椅子にタッチして、フォア奥に下がってスマッシュ。メニュー043より大きく動くフットワークを入れながら、フォア奥から強く打つ感覚を養い、フォームを作る。

1 椅子にタッチして フォア奥に下がる

2 フォア奥から スマッシュ

3 両足を入れ替えて センターに戻る

半身になって下がる

椅子

技術解説（ノック）

椅子にタッチして ラウンドでスマッシュ

レベル	初級
回数	10本× 3〜5セット

ねらい センターからバック奥に下がり、ラウンドでスマッシュ。打点が後ろにならないように、しっかり足を運ぶこと。体全体を使ってスムーズにラケットが振れる感覚をつかみたい。

1 椅子にタッチして バック奥に下がる

2 ラウンドから スマッシュ

3 両足を入れ替えて センターに戻る

椅子

左足で蹴り出して前へ

menu 046

ノック

椅子にタッチして V 字に動いてスマッシュ

レベル	初〜中級
回 数	20本（左右10本ずつ）×3〜5セット

ねらい
センターからフォア奥、バック奥（ラウンド）と動いて攻撃を続ける。大きく動きながらも、打点は必ず体の前。横や後ろにならないように、自分のベストの打点で打ち続ける。

《 技術ポイント 》

ラウンドで入るコツ

相手のショットに反応する

バック奥に体を切り返す

シャトルの軌道の後ろに入る

打点は体の斜め前

① フォア奥でスマッシュ

② センターに戻る

③ ラウンドでスマッシュ

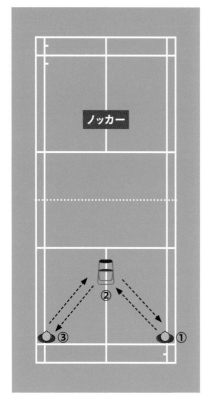

ノッカー

アドバイス！

左右からの連続スマッシュですが、前に出るフットワークも入れること。しっかり体を入れて打ち続け、コースは基本のストレートから、クロスへと発展させます。

menu 047 フォア前フットワークから フォアスマッシュ

レベル	初～中級
回数	10本× 3～5セット

ねらい センターから出てフォア前で素振り、センターに戻って、フォア奥でスマッシュ。前への動きを入れて、より実戦に近づける。ネット前を素振りにすることで、まずはスマッシュに集中。

1 フォア前で素振り

2 センターに戻って構える

3 フォア奥に下がってスマッシュ

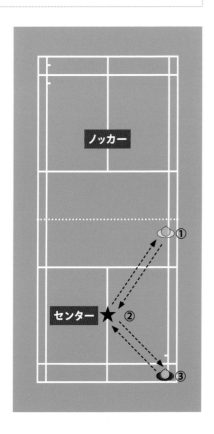

ノッカー

センター ②

①

③

アドバイス！

ネット前の素振りは、ヘアピンなのか、ロブなのか。ヘアピンであれば、前も意識しつつセンターへ。ロブであれば、相手からの攻撃に備えて下がります。必ずセンターで構えてからスマッシュ。全力で決めにいくのか、相手を崩すために7割ぐらいで打つのか。すべて試合の組み立てを想定して取り組んでください。

ノック

バック前フットワークから
ラウンドスマッシュ

レベル	初～中級
回数	10本× 3～5セット

ねらい ▷ センターから出てバック前で素振り、センターに戻って、ラウンドでスマッシュ。より速く、よりしっかり足を運び、体の前でシャトルをとらえる。戻るときは左足で強く蹴り出すことを意識。

《 技術ポイント 》

体を入れてラケットを振り抜く

シャトルの軌道の後ろに入る

体の斜め前でインパクト

力強くラケットを振り抜く

> バランスを崩さず前へ

① バック前で素振り

② センターに戻って構える

③ バック奥からラウンドでスマッシュ

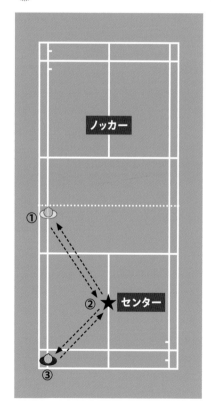

ノッカー

① ② センター ③

▷▶ 指導者 MEMO ✒

ラウンドは気持ちよく打たせて、苦手と思わせないことが大事。深く高くゆっくりの球出しで、シャトルの軌道に入る形を作ります。

ノック

左右に動いてスマッシュ

レベル	初〜中級
回数	20本（左右10本ずつ）×3〜5セット

ねらい センターに置いていた椅子を外し、より速いテンポで左右に動いて連続スマッシュ。試合を想定して、必ずセンターに戻ること。20本ノーミスで打ち続けることで体力強化にもなる。

①　フォア奥からスマッシュ

②　センターに戻って構える

③　バック奥からラウンドでスマッシュ

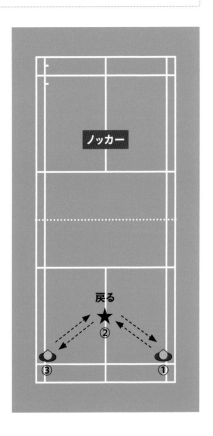

ノッカー

戻る
★
②
③　①

アドバイス！

椅子にタッチしない分、テンポが速くなります。左右のフットワーク練習ではないので、必ずセンターに戻ること。しっかり足を使って動き続け、20本ノーミスで決めることをめざしてください。慣れてきたら、さらにテンポを上げたり、スマッシュのコースや質も高めたりしましょう。

menu 050	技術解説（ノック） **左右に動いて 飛びつきスマッシュ**	レベル	中級
		回数	10本（左右5本ずつ）× 3〜5セット

ねらい センターよりやや後ろに立ち、左右の低めのシャトルに飛びついてスマッシュ。ダブルスの後衛を想定して、サイドステップや細かいステップを刻み、テンポよく動いて打ち込む。

フォア

1 フォア側にジャンプ

☑ CHECK!
右足で床を蹴って斜め上に跳ぶ。

2 フォアでスマッシュ

☑ CHECK!
左手を胸の高さにキープして打つ。

3 着地して次の準備

☑ CHECK!
両足を入れ替えずに着地。

バック（ラウンド）

4 バック側にジャンプ

☑ CHECK!
左足で床を蹴って斜め上に跳ぶ。

5 ラウンドでスマッシュ

☑ CHECK!
体勢が崩れないように打つ。

6 着地して次の準備

☑ CHECK!
両足を入れ替えずに着地。

ジャンピングスマッシュ

前から

1 シャトルの軌道の下に入る

2 両足でジャンプ

3 テークバック

横から

✔ CHECK!

シャトルの軌道の下に入り、一瞬止まって力をためて両足で跳ぶ準備。

✔ CHECK!

空中では両膝を曲げてバランスを取るが、意識的に行う必要はない。

✔ CHECK!

肩甲骨を寄せるように胸を反らせ、上半身を使ってテークバック。

バドミントンの華ともいえるジャンピングスマッシュは、空中でラケットを振り抜いて打つ、かなり難しいショット。ジャンプすることによって、より高い打点から角度をつけて打ち込むことができ、相手が身構えて足が止まるというメリットもある。空中での姿勢、バランスの取り方、打点、タイミングなど、自分にとって一番いい感覚をつかみたい。

ねらい

---

④ インパクト

☑ **CHECK!**

打点は体の斜め前。バランスを保ったままシャトルをとらえる。

⑤ ラケットを振り抜く

☑ **CHECK!**

ラケットを振り抜いて打ち終わるまで、左手は高い位置にキープ。

⑥ 着地して前へ

☑ **CHECK!**

バランスを保ったまま着地。左足で蹴って前に出ることを意識する。

<table>
<tr><td>menu
052</td><td>ノック
..........</td><td></td><td>レベル</td><td>中級</td></tr>
</table>

menu
052

ノック
・・・・・・・・

フリーでスマッシュ

レベル	中級
回数	20本× 3〜5セット

> **ねらい** コート全面、ランダムに上がってくるシャトルを連続スマッシュ。よい体勢で打てるようにしっかり足を運ぶ一方で、苦しい体勢からでも相手コートに入れるコツも身につける。

《 技術ポイント 》

スマッシュの使い分け

全力のスマッシュ

☑ **CHECK!** よい体勢で入れたとき、決めにいくイメージのときは、全力でスマッシュ。

つなぎのスマッシュ

☑ **CHECK!** よい体勢で入れなかったときは、相手コートに入れることを優先して打つ。

① コート後方のシャトルを、すべてスマッシュ

➤▶◀ 指導者 MEMO 🖊

ノックの球出しは選手に合わせて、テンポ、高さ、コースを変えます。さらに、「体勢を崩して打たせよう」「甘く上げて決めにいかせよう」など、ノッカーが意図をもって出すことが大事です。ミスをしない打ち方を身につけるため、選手と一緒に20本ノーミスをめざしてください。

第 6 章

ドライブ

ドライブはつなぎの要素が濃いショットなので、
どんな体勢でもミスなく打ち続けることが大事です。
コンパクトなスイングを心がけ、「すぐ次」に備えましょう。

技術解説（ノック）

フォアドライブ

レベル	初級
回数	20本× 3〜5セット

ねらい ネットすれすれの高さをねらうあまり、ミスをしないように注意。最初は高くてかまわない。床と平行な軌道で打てるポイントをつかんでいく。

1 小さくテークバック

2 体の前でコンパクトに振る

肘と手首で振る

技術解説（ノック）

バックドライブ

レベル	初級
回数	20本× 3〜5セット

ねらい 初級者が苦手とするバックハンドは、差し込まれないように打点を前に。親指を立てて握り、肘と手首を使ってコンパクトに振る。苦手意識を抱かないうちに克服したい。

1 小さくテークバック

親指を立てて握る

2 縦の軌道で振る

打点は体の前

menu
055

技術解説（ノック）

フォアとバックでドライブ

レベル	初級
回 数	20本（左右10本ずつ）× 3〜5セット

ねらい センターから左右交互に動き、フォアとバックでドライブ。握り替えは、楽に構えておいて打つ瞬間にギュッと握り込むのがコツ。コンパクトかつ力強いスイングで打ち返す。

1 フォアでドライブ

☑ **CHECK!**

右足を踏み出して打点は体の前。ラケット面が上を向かないようにシャトルをとらえて打つ。

2 バックでドライブ

☑ **CHECK!**

バックも打点は体の前。右足と左足、どちらを踏み出しても打てるように練習する。

《 技術ポイント 》 **バックの握り方**

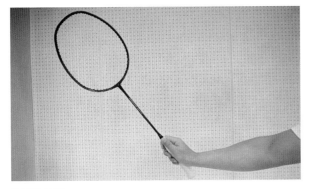

☑ **CHECK!**

バックは親指を立てて、グリップの広い部分に当てるのが基本。構えでは、親指の腹の側面をグリップの角に当て、バックとフォアどちらでも打てるように。

🔍 拡大

☑ **CHECK!**

力まず軽く握っておいて、インパクトの瞬間にギュッと握り込む。

ノック

スマッシュ→センター→ストレート前でドライブ

レベル	初～中級
回数	4カ所を5周×3～5セット

ねらい コート奥でのスマッシュ（素振り）からセンターを経由して、ストレート前に出てドライブ。試合を想定して左右ノーミスで打ち続け、スマッシュから素速く前に出る動きを身につける。

《 技術ポイント 》

強い素振りからセンターを経由する

フォア奥で素振り

✔ CHECK!
実際のラリーを想定して、フォア奥、バック奥の素振りはスマッシュ。

センターで構える

✔ CHECK!
素振りの後はシングルスの試合を想定して、必ずセンターに戻って構える。

フォアドライブ

✔ CHECK!
スマッシュをハーフに返された場面をイメージ。ネットにかけず確実に返す。

1 フォア奥で素振り
2 フォアドライブ
3 ラウンドで素振り
4 バックドライブ

▶すべてセンターに戻って構える動作を入れる

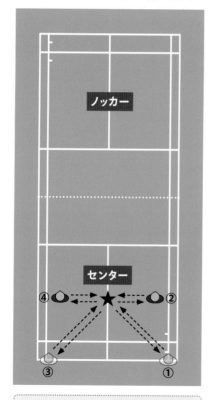

アドバイス！

ドライブは「つなぎ」の要素が濃いショットです。よい体勢で入れない場合には、まずはネットを越すことを重視してください。

menu

057

ノック

レベル　初〜中級

回　数　4カ所を5周
×3〜5セット

スマッシュ→センター→クロス前でドライブ

ねらい　コート奥でのスマッシュ（素振り）からセンターを経由して、クロス前に出てドライブ。メニュー056もこのメニューも、試合を想定して必ずセンターで一度止まって構えることを徹底する。

《 技術ポイント 》

センターを経由しても遅れない

フォア奥で素振り

✔ **CHECK!**

素振りはスマッシュ。振りながら両足を入れ替えて、左足で蹴って前へ。

センターで構える

✔ **CHECK!**

対角線に走るメニューはセンターを素通りしがちだが、必ず止まって構える。

バックドライブ

✔ **CHECK!**

センターで構えてからでも遅れないように、体の前でシャトルをとらえて打つ。

① フォア奥で素振り

② バックドライブ

③ ラウンドで素振り

④ フォアドライブ

▶すべてセンターに戻って構える動作を入れる

アドバイス！

ノッカーも試合を意識。練習者がセンターに戻った瞬間、右足を一歩踏み出して届くぐらいの位置に球出ししましょう。

ノック

フリーでドライブ

レベル　中級

回数　20本×
3〜5セット

ねらい　ランダムに飛んでくるシャトルを、ノーミスで打ち返す。手打ちにならず、足を使ってシャトルを迎えにいくこと。試合を想定して、必ずセンターに戻ることも徹底する。

---

1 足を運んでドライブを打つ

☑ **CHECK!** フォアは手を伸ばせば届いてしまうが、足を運んで体の前でとらえる。

2 センターに戻って構える

☑ **CHECK!** 打って終わりではなく、すぐセンターに戻って次のプレーに備える。

《 技術ポイント 》

バックドライブは右足着地と左足着地の2パターン

右足を踏み込む

☑ **CHECK!** 通常のバックドライブは、体を反転させて、右足を踏み込んで打つ。

左足を踏み込む

☑ **CHECK!** 近い距離のシャトルや、体を反転させる時間がない場合は、左足を踏み込む。

059

1対1

フォアドライブ対 バックドライブ（1対1）

レベル　初〜中級
時　間　左右5分ずつ

ねらい　コート半面でフォア対バックのドライブ。生きたシャトルを打ち合いながら、しっかりストレートに打てるコントロールを磨く。お互い集中して5分間ノーミスをめざすこと。

1 コート半面に1対1で立つ

2 フォア対バックでストレートドライブを打ち合う。逆サイドでも行う

バックドライブ
フォアドライブ

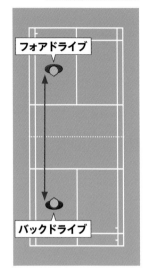
フォアドライブ
バックドライブ

▶ 指導者 MEMO

速いテンポで打ち合うドライブは、大振りしていると間に合いません。スイングはコンパクトか、打点は体の前か、シャトルが浮いていないかなど、指導者や選手同士でチェックしましょう。

060

1対1

全面と半面で ドライブを打ち合う

レベル　中級
時　間　全面と半面の両サイドを5分ずつ

ねらい　1人が半面、1人が全面で、ドライブを打ち合う。全面側は大きく動かされ、打ち返すコースを制限される中で、しっかり足を使ってシャトルに追いつき、正確に打ち続ける。

1 コート半面、1対1でドライブ（1人は半面、1人は全面）

2 半面側がクロスドライブを打ったら、全面側はサイドチェンジしてクロスドライブで返す

3 半面側がストレートに打ったら、全面側はサイドチェンジしてストレートドライブで返す。逆サイドでも行う

アドバイス！

半面側は、コントロールとクロスに打つタイミングを意識。全面側は、よい体勢のときは攻める、遅れたら打点を下げてつなぐこと。5分間ノーミスをめざしましょう。

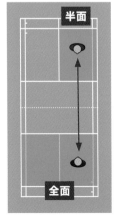
半面
全面

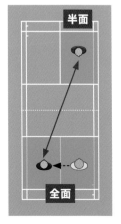
半面
全面

2対2

フォアドライブ対バックドライブ（2対2）

レベル	中級
時間	左右サイド5分ずつ

ねらい フォア対バックのドライブを4人で打ち合いながら、ダブルスのローテーション練習。1球打って交替という速いテンポの中、全員が「すぐ次」を意識して、ミスなく正確に打ち続ける。

《 技術ポイント 》

ダブルスのローテーションを意識

ストレートドライブ

打ち終わったら少し前へ

パートナーが前に出てローテーション

1 半面の2対2、1球交替で、フォア対バックのドライブを打ち合う。逆サイドでも行う

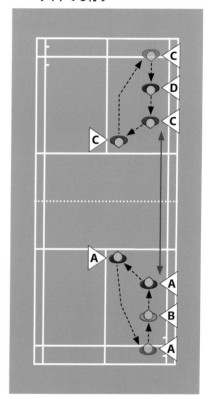

アドバイス！

人数を増やしてもできますが、スピードを求めるなら2対2がベスト。全員が「すぐ次」を意識して動き続け、打ち続けてください。人が多いと不安定な要素は増します。ねらいが外れても、うまくつなぎましょう。

第 7 章

ネット前

ネット前からのショットは、ロブ、ヘアピン、プッシュの3種類。
足の運び方、体の入れ方、打点を意識して、
試合本番の厳しい場面でも、確実に入れることをめざします。

技術解説（手投げノック）

フォアロブ

レベル　初級

回　数　10本×
　　　　3〜5セット

ねらい　1歩踏み出して打つ手投げノックでフォームを固める。最初はラケットを大きく振ってよいが、徐々にコンパクトなスイングに。肘から先でコントロールする感覚をつかむ。

1 右足を一歩踏み出す

体の前で
シャトルを
とらえる

2 肘から先を使ってスイング

技術解説（手投げノック）

バックロブ

レベル　初級

回　数　10本×
　　　　3〜5セット

ねらい　踏み出した足にしっかり乗り、シャトルをよく見てバックハンドでロブ。横振りにならないように、下から上へとすくうイメージで。肘を使って打つバックハンドの基本を身につける。

1 体の前でシャトルをとらえる

前の足に
しっかり乗る

2 下からの軌道でラケットを振る

横振りに
ならないように

技術解説（手投げノック）

アタックロブ

レベル	初〜中級
回数	各10本×3〜5セット

> **ねらい** 通常のロブより速く入り、高い打点でとらえるアタックロブは、フォアもバックもコンパクトなスイングで。相手を追い込む場面をイメージして、弾くような感覚でシャトルを送り出す。

1 フォアのアタックロブ

速く追いつき
高い打点で

2 バックのアタックロブ

攻撃的に
弾くように打つ

手投げノック

センターに筒を置いて V字に動いてロブ

レベル	初級
回数	10本（左右5本ずつ）×3〜5セット

> **ねらい** 左右に動き続けながら、シャトルを正確にとらえてコントロールできるフォームを作る。まずはストレート、できるようになったらクロスへと発展。脚力強化にもつながるメニュー。

1 フォアでロブ

2 センターで構える

目印の筒に
さわらなくてOK

3 バックでロブ

手投げノック

フォア奥→センター→ ストレート前でロブ

ねらい コート奥での素振りからセンターで構え、ネット前へ。コート全体を動きながら、ネット前でしっかり止まって、正確にロブを打つこと。試合に直結する脚力、体力もつけていく。

《 技術ポイント 》

フォア奥で素振り（スマッシュ）

✓ **CHECK!** ロブに集中するため奥の2点は素振り。試合を想定して力強く振ること。

フォア前でロブ

✓ **CHECK!** センターで一度構えてから、前に出てロブ。しっかり止まって打つこと。

1　**フォア奥で素振り**

2　**フォア前でロブ**

3　**バック奥（ラウンド）で素振り**

4　**バック前でロブ**

▶ **すべてセンターに戻って構える動作を入れる**

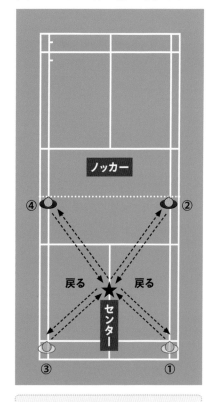

アドバイス！

最初はゆっくりでいいので、必ずセンターで構えてから次へ。ノッカーはセンターに戻った瞬間に球出ししてください。

手投げノック

フォア奥→センター→ クロス前でロブ

ねらい より長い距離を走って、ネット前でロブ。コート奥からクロス前は駆け抜けたくなるが、必ずセンターで止まって構えること。どこに打たれたとしても対応できる動きを身につける。

《 技術ポイント 》

センターで止まって構える

☑ **CHECK!** 素振りとロブの間は流れていかず、必ずセンターで止まって構えること。

バック前でロブ

☑ **CHECK!** 「ストレートスマッシュをクロス前に返された」などをイメージしてロブ。

① フォア奥で素振り

② バック前でロブ

③ バック奥 (ラウンド) で素振り

④ フォア前でロブ

▶すべてセンターに戻って構える動作を入れる

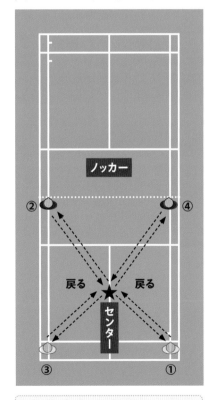

アドバイス!

一番長いコートの対角線でも、センターを駆け抜けず、構えてから次へ。素振りはスマッシュを想定して強く振りましょう。

第7章 ネット前

068

技術解説（手投げノック）

フォアヘアピン

レベル　初級

回　数　10本×
　　　　3〜5セット

> **ねらい**　ネット前に立って、手投げされたシャトルをフォアヘアピン。最初は下から入れる「リフトネット」から。手先だけでなく、踏み込んだ膝で押し込むように、正確にネットを越えさせる。

1 リフトネットからスタート

ラケット面を
まっすぐ当てる

《 技術ポイント 》　角度をつける

✔ **CHECK!** ラケット面の角度で、コースを変えたり
シャトルに回転を与えたりする。

069

技術解説（手投げノック）

バックヘアピン

レベル　初級

回　数　10本×
　　　　3〜5セット

> **ねらい**　初心者にはやや難しいバックヘアピン。まずは、踏み込んだ足のつま先をシャトルのほうに向けること。膝にやわらかく乗って押し込むように、手先は最後の微調整という感覚で。

1 バックハンドでリフトネット

ラケット面を
まっすぐ当てる

《 技術ポイント 》　角度をつける

✔ **CHECK!** 角度を変えるときも手打ちにならないように、足と手を一致させる意識で。

menu	手投げノック	レベル	初級
070		回数	10本（左右5本ずつ）× 3〜5セット

センターに筒を置いて V字に動いてヘアピン

ねらい 左右に動きながらヘアピン。最初はなかなか入らない、その原因は足。しっかり足を運んでシャトルに追いつくことを意識。膝を使って押し込み、最後にラケット面を合わせて入れる感覚をつかむ。

1 フォアでヘアピン

✓ **CHECK!**

足を運んでつま先をシャトルの方向に。手打ちにならないこと。

2 センターに戻る

✓ **CHECK!**

シャトルの筒を目印に、必ず一度センターに戻って構える。

3 バックでヘアピン

✓ **CHECK!**

足を運んで膝に乗り、落ち着いてラケット面を合わせる。

menu	手投げノック	レベル	初〜中級
071		回数	20本× 3〜5セット

フリーでヘアピン

ねらい ランダムに投げられたシャトルをヘアピン。シングルスを意識して、必ずセンターに戻ること。「追い込まれて下から打つ」「高い打点で攻める」など自分で想定して、考える力も養う。

1 ネット前から、すべてヘアピンで返す

アドバイス！

実戦に近いノックで、ネット前に速く出る足と、センターに戻る足を身につけます。目印がなくても、必ずセンターに戻ることを徹底してください。ヘアピンの打点やコースは自由。自分のレベルや目標に合わせてスキルアップをめざし、1球1球を大事に打ちましょう。ノッカーは練習者の強化ポイントを考えながら、球出しをしてください。

手投げノック

フォア奥→センター→
ストレート前でヘアピン

レベル　初級

回　数　4カ所を5周

ねらい　コート奥で大きくラケットを振り、センターを経由して、ネット前でヘアピン。コート後方から走ってきた勢いを抑えて、繊細なショットを打つ技術を習得する。手先ではなく足でコントロールする。

《 技術ポイント 》

センターで構える

☑ CHECK! コート奥でラケットを強く振ったら、センターに戻って構えてから前へ。

フォアヘアピン

☑ CHECK! 繊細なヘアピンは、丁寧に、足を使って確実に入れることを徹底する。

1　フォア奥で素振り

2　フォア前でヘアピン

3　バック奥（ラウンド）で素振り

4　バック前でヘアピン

▶すべてセンターに戻って構える動作を入れる

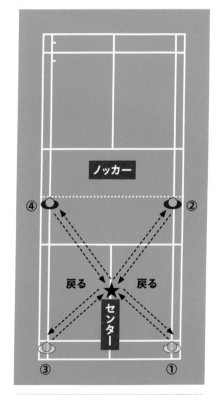

ノッカー

④　②

戻る　戻る

センター

③　①

アドバイス！

大きな動きから、勢いを抑えてヘアピンを打つには、踏み込んだ膝にやわらかく乗ること。「ヘアピンは足で打つ」です。

手投げノック

073

フォア奥→センター→ クロス前でヘアピン

ねらい コート奥からセンターを経由して、クロスのネット前でヘアピンを打つ。一番長い距離を走らされる、ラリーの中で厳しい場面。苦しいときこそ足を使い、最後まで集中して入れる。

《 技術ポイント 》

高い位置でヘアピン

☑ **CHECK!** 素速くネット前に出て、高い位置から攻撃的なヘアピン。常に試合を想定。

低い位置でヘアピン

☑ **CHECK!** 試合の中で追い込まれた場面を想定して、低い位置からもヘアピンを入れる。

1　フォア奥で素振り

2　バック前でヘアピン

3　バック奥（ラウンド）で素振り

4　フォア前でヘアピン

▶すべてセンターに戻って構える動作を入れる

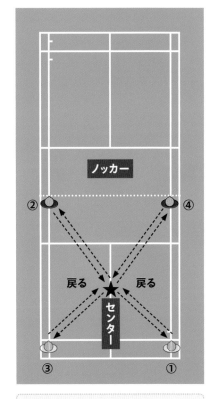

ノッカー

② ④

戻る 戻る

センター

③ ①

第7章　ネット前

アドバイス！

ストレートスマッシュをクロス前に返された厳しい場面。打点の高さやコースは、ラリーをイメージして自分で決めましょう。

87

技術解説（手投げノック）

フォアプッシュ

ねらい 一歩踏み出して打てるぐらいの距離に手投げノック。手打ちにならないように、しっかり足を踏み出して押し込む。打点は体の前で、ラケット面をシャトルに合わせてコンパクトに振る。

① 小さくテークバック

② 着地と同時に打つ

肘を
下げない

コンパクト
に振る

技術解説（手投げノック）

バックプッシュ

ねらい バックプッシュも打点は体の前で、特に肘が下がらないように。手首をこねて沈めるのではなく、自分の打ちやすい位置にラケット面を合わせ、鋭く押し込むことを覚える。

① 小さくテークバック

② 握り込んで押し出す

肘を上げる

着地と
同時に打つ

手投げノック

センターに筒を置いて
V字に動いてプッシュ

レベル	初級
回　数	10本（左右5本ずつ）× 3〜5セット

ねらい ▶ 左右に動いてプッシュ。ラリーの最後を想定しながら、焦らず確実に決めにいく。コンパクトなスイングで、「すぐ次！」のテンポで打ち続け、ミスをしない打ち方を身につける。

① センターから 動き出す

☑ **CHECK!**

シャトルの筒を目印に、センターからラケットを立てて右のネット前へ。

② 右のネット前へ

☑ **CHECK!**

ネット前へ動きながらテークバック。大きく振りかぶらないこと。

③ フォアプッシュ

☑ **CHECK!**

フォアは手打ちになりがちなので、足を踏み込んで打つことを意識。

④ センターに 戻る

☑ **CHECK!**

シャトルの筒があるセンターに戻り、ラケットを立てて左のネット前へ。

⑤ 左のネット前へ

☑ **CHECK!**

シャトルをよく見て、肘を下げないようにして小さくテークバック。

⑥ バックプッシュ

☑ **CHECK!**

足を運んでシャトルを迎えにいき、ラケット面を合わせて打つ。

フォア奥→センター→ストレート前でプッシュ

レベル　初級
回　数　4カ所×5周

ねらい　コート奥からセンターを経由して、ネット前に飛び込んでプッシュで決める。雑にならないように、試合の大事な場面で確実に仕留めるイメージを抱き、フォームとともに、自信も作っていく。

《 技術ポイント 》

最後の一歩は大きく踏み込む

☑ **CHECK!** 最後の一歩は大きく踏み出して、かかとから着地。膝をやわらかく使う。

かかとから着地して打つ

☑ **CHECK!** 長いラリーの最後を想定して、確実に決める打ち方を身につける。

① フォア奥で素振り
② フォア前でプッシュ
③ バック奥（ラウンド）で素振り
④ バック前でプッシュ

▶すべてセンターに戻って構える動作を入れる

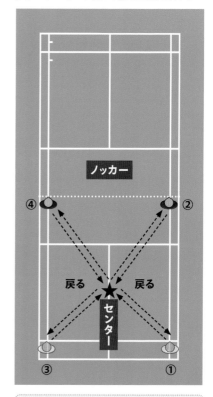

アドバイス！

ネット前に詰めてプッシュというパターン。ネットにかけたら相手に1点入る場面、「ミスしない打ち方」を身につけます。

menu 078

フォア奥→センター→ クロス前でプッシュ

ねらい　コート奥からセンターを経由して、クロスのネット前でプッシュ。最後の一歩は大きく踏み出し、力強く打ってシャトルに勢いを伝える。しっかり足を運び、確実に決めることを覚える。

《 技術ポイント 》

肘を上げてネット前へ

✔ **CHECK!** センターから、肘を上げてラケットを立ててネット前に出る。

バックプッシュ

✔ **CHECK!** 最後はシャトルとラケット面を合わせて、確実に仕留める。打点は必ず体の前。

1 フォア奥で素振り

2 バック前でプッシュ

3 バック奥 (ラウンド) で素振り

4 フォア前でプッシュ

▶すべてセンターに戻って構える動作を入れる

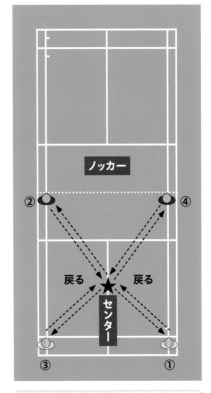

ノッカー

② ④

戻る　戻る

センター

③ ①

第7章　ネット前

アドバイス！

足を動かすことを意識しながら、ラケットを立てて前へ。ノッカーは甘めに球出しして、確実に決める形を染み込ませます。

2対1

ストレートとクロスに打ち分けてプッシュ

レベル	中級
時 間	右左サイドで5分ずつ

ねらい ダブルスの前衛を想定して、ストレートとクロスに打ち分け。膝でリズムを取りながら細かくステップを刻み、打点は必ず体の前。ノックより速いラリーで実戦へと近づけていく。

《 技術ポイント 》 クロスプッシュ

フォアからクロスプッシュ

面をクロス方向に

☑ CHECK! ラケット面をクロスに向ける。いつクロスに出すか判断する力も磨く。

バックからクロスプッシュ

面をクロス方向に

☑ CHECK! コースを決めるのはラケット面。打点が体の前になるように足を動かす。

① 2対1で、プッシュを打つ1側が半面に立つ

② 1はプッシュをストレートとクロスに打ち分け、2側は1の立つ半面に返す。逆サイドでも行う

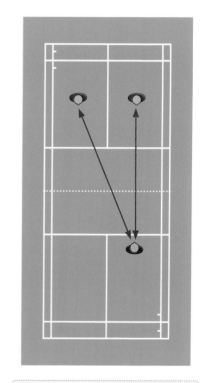

アドバイス!

プッシュを打つ人は細かいステップを刻んで構え、低いレシーブには膝を曲げて、上でとらえます。「ここに打てば、ここに返ってくる」と返球を読めるのが理想です。

ノック

フォアプッシュ→バックプッシュ→ラウンドプッシュ

レベル	中級
回数	3カ所を5周×3〜5セット

ねらい ダブルスの前衛が、フォア→バック→ラウンドと3本で決めるパターン。バックからラウンドは足の入れ替えがあるが、打点が後ろにならないように。ラケットは常に上げておく。

《 技術ポイント 》 **2本目から3本目**

2本目のバックプッシュ

右足が前

両足を並行にして正対

ラケットは上げたまま

3本目のラウンドプッシュ

✔ **CHECK!** 2本目のバックプッシュ後、素速く両足を並行にして体を正面に。3本目のラウンドプッシュで仕留める。

① フォアでプッシュ

② バックでストレートプッシュ

③ ラウンドでプッシュ

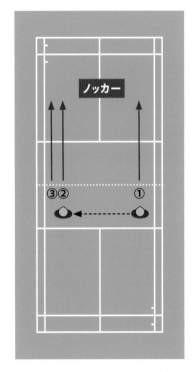

ノッカー

③② ①

アドバイス！

ノッカーは、1本目のフォアと2本目のバックは低め、3本目のラウンドは少し浮かせます。打つ側は1、2本目を押し込み、浮いた3本目で確実に仕留めてください。

ノック

フリーでプッシュ

ねらい ネット前の全面をカバーしてプッシュ。打点が体の横にならないように、サイドステップで素速く移動。シャトルの高さによって、決めにいくかつなぐか、実戦での判断力も磨く。

《 技術ポイント 》

プッシュ

コンパクトに振る

☑ CHECK! 大きく振ると次の返球に間に合わないので、常にコンパクトなスイングで。速く打てば速く返ってくる。

次の返球を待つ

すぐラケットを上げる

☑ CHECK! 打ったらすぐにラケットを上げて、相手からのリターンを待つ。

① **ネット前の全面、ランダムに出てくるシャトルを、すべてプッシュで打ち込む**

ノッカー

▶️ 指導者 MEMO

ネット前の左右移動はサイドステップが基本。速い球出しの中で足を使いながら、「打ったら次！」を覚えます。バック側はバックでもラウンドでもOK。つなぐか決めにいくか、瞬時の判断力も磨きます。

第 **8** 章

レシーブ

バドミントンは攻めるだけでは勝てません。
勝つためにはラリーを組み立てることが大事です。
ラリーの要となるレシーブを自在に打てるように、
フォアもバックもくり返し練習しましょう。

技術解説（手投げノック）

フォアのロングレシーブ

レベル　初級

回　数　20本×
　　　　3〜5セット

> **ねらい** スマッシュを大きく返すことをイメージして、フォアでレシーブ。右足を一歩踏み出し、体の前でシャトルをとらえる。大振りせず、肘と手首の返しで飛ばすフォームを身につける。

1 右足を一歩踏み出す

2 フォアで大きくレシーブ

体の前で
とらえる

コンパクトに
振る

技術解説（手投げノック）

バックのロングレシーブ

レベル　初級

回　数　20本×
　　　　3〜5セット

> **ねらい** バックハンドで大きく返すレシーブ。両足を開いたまま遠くに飛ばせるのが理想だが、最初は右足を一歩踏み出す形でもよい。体の前でとらえ、力まずスムーズに飛ばせるポイントをつかむ。

※写真は「両足を開いたまま」のパターン

1 左足を軽く踏み出す

2 バックハンドで大きくレシーブ

左側に体重移動

肘と手首を返す

手投げノック

フォアとバック交互に
ロングレシーブ

ねらい　フォアとバックで交互にレシーブしながら、グリップの握り替えをマスター。最初はゆっくりでいいので、握り替え、足の運び、スイングなど、1つひとつの動作を確実に身につけていく。

② フォアでレシーブ

① ③ センターで構える

④ バックでレシーブ

✔ CHECK!

肘と手首を使ったコンパクトなスイングで、高く、遠くに飛ばす。

✔ CHECK!

腰を落として膝をやわらかく曲げ、体はリラックスして構える。

✔ CHECK!

打点が後ろにならないように。左手でバランスを取ることも大事。

《 技術ポイント 》

フォアの握り

バックの握り

✔ CHECK!

基本のイースタングリップ。打つ瞬間に握り込んで力を伝える。

✔ CHECK!

親指をグリップの広い面に当てる。慣れてきたら、親指の腹の側面をグリップの狭い面に軽く当てると、打つ瞬間に手首がスムーズに返る。

第8章　レシーブ

97

技術解説（1対1）

スマッシュレシーブ

レベル　中級

時　間　5分×
3～5セット

> **ねらい**　実際に打たれたスマッシュを大きくレシーブ。腰を落としてリラックスして構えること、シャトルをよく見ること、体の前でとらえてスマッシュの力を利用して返すことなどを覚えていく。

① 構える

✔ CHECK!

膝をやわらかく使って構える。集中しながら体は力まず、リラックス。

② 体の前でとらえる

✔ CHECK!

打点は体の前。目線を上下させず、シャトルを迎える意識で。

③ フォロースルー

✔ CHECK!

相手スマッシュの勢いを利用して、弾き返すイメージで打つ。

横から

✔ CHECK!

構えた時点でラケットを振れるスペース、「懐」を作っておく。

✔ CHECK!

速いスマッシュにも差し込まれないように、打点は必ず体の前。

✔ CHECK!

低い体勢から「下から上」という流れで、やわらかく振り抜く。

2対1

オールスマッシュ＆ オールレシーブ（2対1）

ねらい　2人が半面に向けて打ってくるスマッシュを、ストレートとクロスに大きく打ち分けてレシーブ。クロスレシーブはある程度の力が必要なので、前腕で振り抜くフォームを身につける。

《 技術ポイント 》　クロスレシーブのコツ

面をクロスに向ける

前腕で鋭く振り抜く

✔ **CHECK!** ラケット面をクロスに向けて、打点は体の前。差し込まれてしまったら、クロスには返せない。ある程度の力は必要だが、力まず前腕で鋭く振り抜く。

① **2対1で、2側が1側（レシーバー）のいる半面にスマッシュ。1側はすべてロングレシーブで、コースはフリー。逆サイドでも行う**

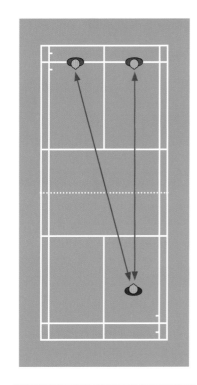

アドバイス！

レシーバーはダブルスの後衛を振るイメージで、ストレートをクロスに、クロスをストレートにも返してみましょう。「このスマッシュならクロスに大きく返せる」など判断力も磨いてください。

087

技術解説（手投げノック）

フォアのショートレシーブ

レベル　初級

回　数　20本×
　　　　3〜5セット

> **ねらい**　スマッシュやプッシュをネット前に返すショートレシーブ。ロングと同じく右足を一歩踏み出し、手先ではなく足を使ってシャトルを運ぶ。「スピードを殺す」感覚もつかみたい。

1 右足を一歩踏み出す

2 フォアでネット前に返す

右に体重移動

シャトルをやわらかく運ぶ

088

技術解説（手投げノック）

バックのショートレシーブ

レベル　初級

回　数　20本×
　　　　3〜5セット

> **ねらい**　バックのショートレシーブもロングと同じく、「右足を一歩踏み出す」「両足を開いたまま」の2パターンを練習。どちらもシャトルを下からすくうイメージで、やわらかくネット前に運ぶ。

※写真は「右足を一歩踏み出す」パターン

1 右足を一歩踏み出す

2 バックハンドでネット前に返す

つま先と膝を
シャトルに向ける

シャトルをすくう
ように運ぶ

手投げノック

フォアとバック交互に
ショートレシーブ

レベル	初級
回数	20本（左右10本ずつ）×3〜5セット

ねらい 打ったら必ずセンターに戻り、腰を落として構えてから動き出すこと。足をしっかり動かし、ラケット面を合わせてシャトルを返していく。

1 フォアでショートレシーブ

✔ **CHECK!**

センターでしっかり構えてから、右足を一歩踏み出してネット前に返す。顔の位置が上下に動かないことも意識。

アドバイス！

フォアとバック交互のノックで大事なのは、左右にダラダラ動き続けないこと。試合を想定して、必ず一度センターで構えることを徹底してください。そこから先読みして動くのではなく、シャトルが投げられてから動き出すことも大事。1つひとつの動作を突き詰めれば、脚力強化にもつながります。

2 センターで構える

➤■ 指導者 MEMO ✎

ノッカーは、スマッシュ、プッシュをイメージしてシャトルを投げます。一歩で行ける距離か、サイドラインぎりぎりをねらうか、選手のレベルに合わせてください。センターで棒立ちになっていないか、しっかり足を運んでラケット面を合わせられているかなど、投げながらチェックします。

3 バックでショートレシーブ

✔ **CHECK!**

センターで構えてからバック側へ。右足を出すか、左足で行くかは自分で判断。ラケット面を合わせて、力まずに打つ。

1対1

スマッシュ&ネットと
ショートレシーブ（1対1）

レベル　初〜中級

時　間　守備と攻撃を
　　　　5分ずつ

ねらい　1対1でスマッシュとショートレシーブ。シャトルを打ち合う中で、ノックで身につけた技術を磨いていく。スマッシュを打つ側もレシーブ側も、「相手コートに入れる」を体で覚える。

1 スマッシュをショートレシーブ

半面で1対1になり、攻撃側が①ストレートスマッシュ、守備側が②ショートレシーブ。

2 ネット前からロブ

ショートレシーブを攻撃側が③ヘアピン、守備側は④ロブを上げて守り、最初の①ストレートスマッシュへ。5分で攻守交代。

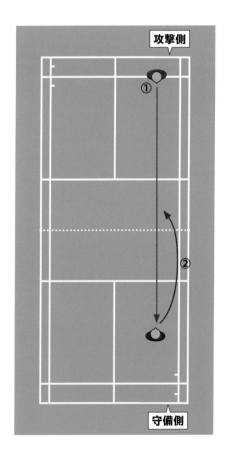

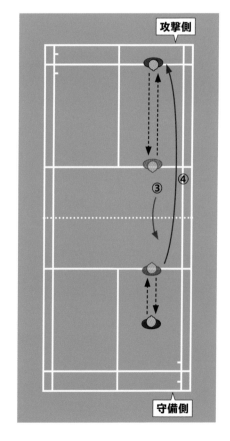

✔ **CHECK!** スマッシュの勢いを殺してネット前へ
　　　　　　ショートレシーブ。確実に入れる。

✔ **CHECK!** スマッシュを打つ側も確実に入れること。
　　　　　　お互いノーミスで打ち続ける。

2対1

スマッシュ&ネットと
ショートレシーブ（2対1）

ねらい　2対1で、2側がスマッシュとショートレシーブ。1側はショートレシーブとロブで守る。1側は実戦
をイメージして構え、先に動き出さないこと。ロブの質を上げることも意識する。

1　半面のストレート

2対1で1側は半面。最初はコースを決めて、①
ストレートスマッシュ→②ショートレシーブ（スト
レート）→③ヘアピン→④クロスロブ。

2　半面のクロス

続けて⑤クロススマッシュ→⑥ショートレシーブ
（クロス）→⑦ヘアピン→⑧クロスロブで、①
に戻る。慣れてきたらコースはフリーでOK。逆
サイドも行う。

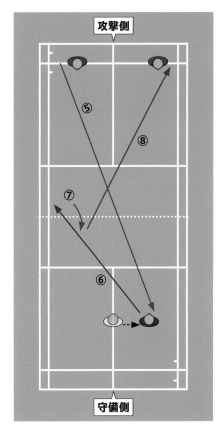

攻撃側

守備側

✔ CHECK!　守る1側はショートレシーブとロブを打ち
　　　　　　分ける。ロブの距離と高さも意識。

✔ CHECK!　全員が1つひとつのショットの質を上げる
　　　　　　ことを意識。ノーミスをめざす。

技術解説（手投げノック）

フォアのプッシュレシーブ

レベル	初級
回数	20本× 3〜5セット

ねらい ダブルスの守備で、相手からのプッシュを、ドライブ気味にレシーブする場面をイメージした練習。スイングはコンパクトだが、ショートレシーブより鋭く振って、強く打ち返す。

1 **素速く右足に乗る**

2 **押し出すように打つ**

ドライブ気味に
返す

技術解説（手投げノック）

バックのプッシュレシーブ

レベル	初級
回数	20本× 3〜5セット

ねらい ダブルスの守備で、相手プッシュをバックでドライブ気味にレシーブ。ノッカーに当てるぐらいの気持ちで、コンパクトに鋭く振ること。速い展開を意識して、すぐ構えることも徹底。

1 **素速く左足に乗る**

2 **ラケット面を合わせて返す**

体の前で押し出す
ように打つ

menu
094

技術解説（手投げノック）

レベル　初級

回　数　20本（左右
10本ずつ）×
3〜5セット

フォアとバック交互に
プッシュレシーブ

ねらい ▶ フォアとバック交互にプッシュレシーブ。手先だけで打たないように、細かいステップを踏んで体の前でシャトルをとらえ、コンパクトに振って返す。バック握りのフォアもマスター。

1 フォアで
プッシュレシーブ

2 センターで構える

3 バックで
プッシュレシーブ

《 技術ポイント 》　バックハンドの握りでフォアレシーブ

シャトルを迎える

少し引いた右足に乗る

弾くように打ち返す

打点は体の前

フォロースルー

✔ CHECK!

バックハンドで握ったまま、肘を上げてシャトルを迎える。

✔ CHECK!

手の甲を相手側に向けた状態で、親指で押し出しながら打つ。

✔ CHECK!

前腕をやわらかく使い、力まずフォロースルー。すぐ次に備える。

1対1

プッシュ&レシーブ

レベル　初〜中級

時間　各5分

ねらい 1対1でプッシュとレシーブをランダムに打ち合う。レシーブは差し込まれないように準備を速くし、低い体勢で構えること。お互い足を使いながら、ダブルスらしいリズムを身につける。

① 半面でプッシュとレシーブを打ち合う

アドバイス！

1対1、半面を使ってコースを自由に打ち合うプッシュ&レシーブは、ノックよりテンポが速く、左右どちらに来るかもわかりません。構えから棒立ちにならないように、細かいステップで足を動かすこと。低いポジションでレシーブしたら、すぐ次の準備です。プッシュは決めにいかず、お互いの呼吸を合わせてノーミスで続けてください。

基本練習

トレーニングラケットで壁打ち

レベル　初〜中級

時間　5分

ねらい トップ選手も取り組むレシーブ練習の定番。しっかり構える、ラケット面を作る、コンパクトに鋭く振る、足を使うなど、基本動作を1人で磨くことができる。前腕を鍛える効果も絶大。

① 壁に向かってシャトルを打つ

指導者 MEMO

壁打ちは初心者からトップ選手まで、幅広い層に効果があります。対人より速く返ってくるので、常に集中して準備。重心を落として構え、ラケット面を作り、強く返せるフォームを身につけます。壁の凹みなどでイレギュラーに返ってきたら、足を使って対応してください。普通のラケットでもOKです。

第 9 章
サービス&サービスリターン

試合の勝敗を左右するサービス&サービスリターン。
ラリーの始まりから主導権を握り、ゲームを有利に運ぶため、
常に試合を想定して磨いていきましょう。

技術解説（シングルス）

目標物を置いて
ロングサービス

レベル	初級
回数	右左から20本ずつを、3〜5セット

ねらい 基本となるロングサービスは、コート奥にシャトルの筒、椅子、カゴなど、目標物を置いて練習。自分のタイミングで打ちながら、大きく、高くシャトルを飛ばせるスイングを身につける。

正面から

1 構えからトス

2 体の前で打つ

3 フォロースルー

横から

✔ **CHECK!**

左足が前の形で構えて、肩付近からシャトルを落とす。

✔ **CHECK!**

体の前でシャトルをとらえ、後ろ足から前足に体重移動して打つ。

✔ **CHECK!**

肘と手首をやわらかく使い、遠心力も加えて高く遠くに飛ばす。

1対1／シングルス

ロングサービス→
スマッシュ→ショートレシーブ

レベル	初～中級
回数	右左から20回ずつ

ねらい ロングサービスを打ったらセンターで構え、相手のスマッシュをショートレシーブ。「サービスから3球目まで」を有利に進めるため、ロングサービスを奥まで飛ばすことを意識する。

《 技術ポイント 》

ロングサービス

☑ **CHECK!** ロングサービスは高く奥まで飛ばし、センターで構える時間を作る。

センターで構える

☑ **CHECK!** サービス後はセンターポジションへ。スマッシュに備えて低く構える。

ショートレシーブ

☑ **CHECK!** 足を運んで体の前でシャトルをとらえてレシーブ。確実にネットを越す。

① ロングサービス

② 相手がスマッシュ

③ ショートレシーブ

▶逆サイドでも行う

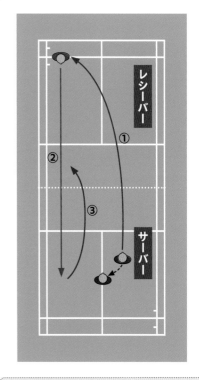

レシーバー

サーバー

アドバイス！

ロングサービスから3球目までのパターン。最初はコースを決めても構いません。サービスが甘くならないこと、すぐにセンターで構えること、確実に返すことを徹底します。

ロングサービス→スマッシュ→ショートレシーブ→ロブ→スマッシュ

レベル	中級
回 数	右左から10回ずつ

ねらい ロングサービスからのスマッシュをネット前に返し、攻撃に転じる展開。シングルスの試合でよくあるパターンをくり返して、「守りから攻めへ」というラリーの組み立てを覚える。

1 ロングサービスから ネット前への展開を作る

①シングルスのロングサービス→②相手がスマッシュ→③ネット前にショートレシーブ。

2 相手にロブを打たせて 攻撃へと転じる

④相手のロブに、下がって⑤スマッシュ。ロングサービスから守り、さらに攻撃に転じるパターンをイメージする。先読みして動かないこと。

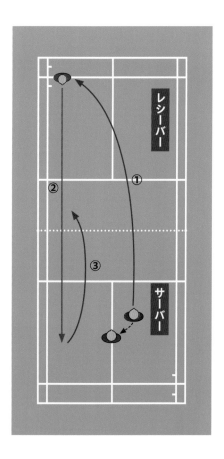

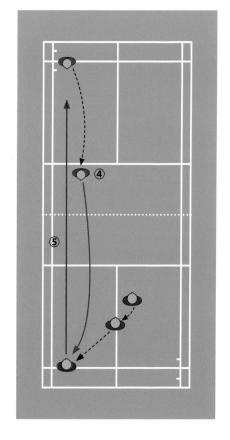

☑ **CHECK!** ロングサービスは奥までしっかり飛ばす。センターに戻り、相手をよく見て守る。

☑ **CHECK!** ショットのコースはすべてフリーだが、最初はパターンを決めてやってもいい。

1対1／シングルス

ロングサービス→クリア→スマッシュ

レベル	中級
回数	右左から10回ずつ

ねらい ロングサービスをクリアで返してもらい、センターから下がってスマッシュ。サーバーはスマッシュやカットを予測して構えたところから、クリアに反応。予測が外れて苦しい場面も練習しておく。

① ロングサービス

② 相手がクリア

③ 下がってスマッシュ

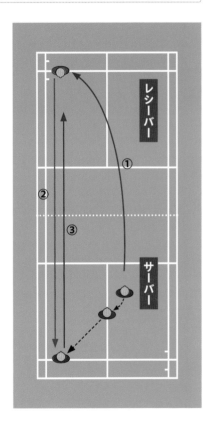

レシーバー

サーバー

①
②
③

アドバイス！

「ロングサービス後、スマッシュを予測していたらクリアだった」という設定です。クリアが来るからと、高い姿勢で待っていたり、先に動き出しては意味がありません。慣れてきたら、わざと遅れて追い込まれた状況を作りましょう。コースはフリーですが、最初は決めてもかまいません。

タコ糸を使って
ショートサービス

レベル	中級
回数	右左から20本ずつ×3〜5セット

ダブルスではショートサービスが浮けば叩かれてしまう。時には目標となる高さに糸を張り、プレッシャーをかけて練習を。苦手を乗り越えて得た技術と自信は、一生ものの財産だ。

1 構えた姿勢で静止

2 体の前で打つ

後ろから前に体重移動

3 フォロースルー

指導者 MEMO

ネット上、シャトル1〜2個分程度の高さにタコ糸や紐を張り、その間を通してショートサービス。プレッシャーのある中で、正確に打てるようにする練習です。

正面から

✔ **CHECK!**

打点は「床からコルクの先端が110センチ以内」と決められている。

✔ **CHECK!**

打ち終わったら次に備えて、すぐにラケットを上げることを徹底する。

1対1／シングルス

ショートサービスから
ネット前、アタック

レベル	中級
回　数	右左から10回ずつ

ねらい ▶ シングルスでよくある、ショートサービスから攻める展開。相手のヘアピンをヘアピンで返し、ネット前も警戒しながらロブに対応。まずは、サービスの質を上げることを徹底する。

1 ショートサービスから ヘアピンを打ち合う

①ショートサービス→②相手がヘアピン→③ヘアピンで返す。サーバーはヘアピンを打たれた瞬間、ネット前に詰めてヘアピンで返す。

2 相手にロブを打たせて 攻撃へと転じる

ネット前を意識しながら、④相手のロブに対して、⑤素速く下がってスマッシュ。前も後ろもいけるように、集中力を高めて対応する。

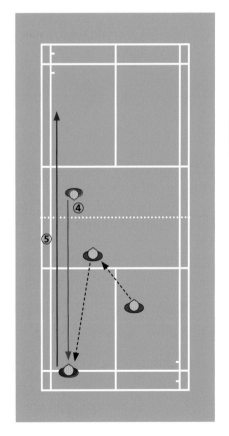

✔ **CHECK!** まずは相手にプッシュされない、「ヘアピンを打たせるサービス」を打つ。

✔ **CHECK!** コースはフリーだが、最初はコースを決めたり半面で行ったりしてもかまわない。

1対1／シングルス

ショートサービスから
アタックロブ、カウンター

レベル	中級
回　数	右左から10回ずつ

ねらい　ショートサービスからのアタックロブに、飛びついてスマッシュ。サービスリターンから攻めたい相手に対するカウンター。常に試合を想定して、ネット前にも行ける状態から飛びつく。

1 ショートサービス

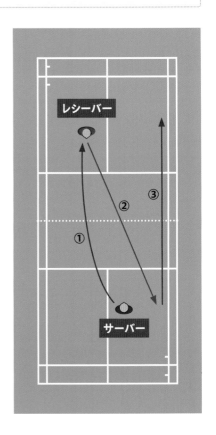

2 相手がアタックロブ

高い打点から速く低いロブ

3 飛びついてスマッシュ

アドバイス！

アタックロブで攻めたい相手を封じる展開。レシーバーは、スマッシュが打てる程度のロブを出します。慣れてきたら、ロブを厳しくしたり、フェイントを入れたりしてOK。サーバーは先に動き出さないこと。スマッシュが打てなければ、つなぐショットにするなど、判断力も磨きます。

1対1／シングルス

ショートサービスから
3球目 (シングルス)

レベル	中～上級
回　数	右左から10回ずつ

ねらい シングルスのショートサービスから3球目までを、1対1のフリーで。常に試合を意識して、「点数をつけて右左交互に行う」「ミスの回数だけ罰ゲーム」など、緊張感をもって取り組む。

《 技術ポイント 》

ショートサービスをロブで返す

✔ **CHECK!** 相手のサービスが厳しければロブ。高さ、速さ、コースをよく考えて打つ。

ショートサービスをネット前に返す

✔ **CHECK!** ネット前に返すときはより高い位置で。ロブを上げさせるのがねらい。

① ショートサービスから3球目までをフリーで

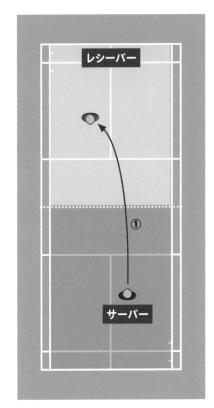

レシーバー

①

サーバー

アドバイス！

レシーバーは相手をよく見て、厳しいリターンを。ただし、ミスは禁物。「相手を崩す」「自分に有利な状況を作る」が目的です。「スコア19-19の場面から」など、試合の緊張感を出す工夫もしてください。

1対1／ダブルス

ショートサービスから
ショートドライブ、プッシュ

レベル	中級
回数	右左から10回ずつ

ねらい ダブルスのショートサービスから、ショートドライブ、プッシュと3球目まで。サーバーがラリーの主導権を握るには、3球目をさわること。サービス後、すぐにラケットを上げて準備。

1 ショートサービス

2 ショートドライブでリターン

ラケットを立てて入る

3 サーバーがプッシュ

頭を下げて避ける

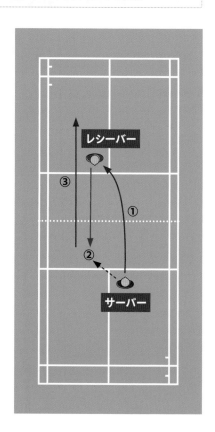

レシーバー

サーバー

アドバイス！

ダブルスの「サービスまわり」は、サーバーが3球目をさわれれば有利な展開に。サービス後はすぐにラケットを上げて、シャトルをつかまえましょう。小刻みなステップで動き、シャトルに逆らわないコンパクトなスイングでプッシュ。決めるのか押し込むのかは、相手の返球次第です。

1対1／ダブルス

ショートサービスから
ヘアピン、プッシュ

レベル	中級
回数	右左から10回ずつ

(1) ショートサービス

サーバー　レシーバー

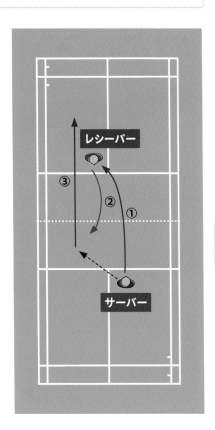

レシーバー

③　②　①

サーバー

(2) ヘアピンでリターン

前に詰めている

(3) サーバーがプッシュ

ネット際で
払うようにスイング

アドバイス！

サーバーは3球目をつかまえるため、レシーバーのラケット面が下がった瞬間、ネット前に詰めます。小刻みなステップで足を運び、手打ちにならないように。レシーバーのヘアピンのコースはフリーですが、あまり厳しく打たなくてOK。慣れてきたら、徐々にコースを散らしてください。

ショートサービスから
プッシュして4球目（ダブルス）

レベル **中級**

回数 **右左から10回ずつ**

ねらい　ダブルスのショートサービスから、プッシュ、レシーブ、プッシュと4球目まで。レシーバーが相手後衛のボディにプッシュして、そのまま前衛となって決める攻撃パターンを覚える。

① サービスリターンを
パートナーに取らせる

①相手のショートサービスを、②相手パートナーのボディにプッシュ。後衛のボディをねらうことで、センターへの返球を誘う。

② 3球目のレシーブを
ネット前でつかまえる

③相手後衛からドライブ気味に返ってきたレシーブを、④ネット前でつかまえてプッシュ。サービスから4球目までの展開をテンポよく。

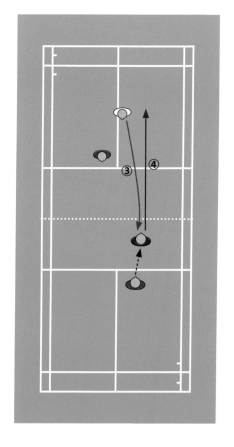

☑ CHECK! レシーバーは先に動き出さないこと。ロングサービスも警戒して構える。

☑ CHECK! 1本目のプッシュで終わりではなく、すぐ次に備えてラケットを上げて構える。

2対2／ダブルス

サービスから4球目まで（ダブルス）

レベル	中〜上級
回数	右左から10回ずつ

ねらい ダブルスのサービスから4球目までを、2対2のフリーで。お互いが決めにいってOK。ゲーム練習の代わりとして、「ミスしたら1点」など、全員が緊張感をもって行う。

《 技術ポイント 》

ショートサービスをプッシュ

サービス側

☑ **CHECK!** レシーバーはプッシュを確実に入れること。サービス側はレシーブで対応。

ロングサービスをスマッシュ

サービス側

☑ **CHECK!** レシーバーはロングサービスを打ち込み、サービス側はしっかり守る。

① 2対2でサービスから4球目までをフリーで

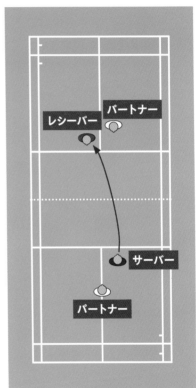

パートナー
レシーバー
サーバー
パートナー

アドバイス！

4人全員が集中力を維持し、サービスから4球目まで、試合のつもりで真剣勝負。サービスもフリーなので、ロングサービスもOKです。慣れてきたら、「ミスは相手に1点」と点数をつけたり、罰ゲームを設定したり、緊張感を作る工夫をすること。常に試合を想定して練習しましょう。

団体戦に挑む意味、勝つ意味とは

（埼玉栄高校男子バドミントン部監督・大屋貴司）

埼玉栄高校は日本一をめざす選手が集まり、日本一の練習を行っています。その中で、チームの誰もが一番大事な目標にしているのが、団体戦での優勝。昔からずっと変わらない、チームの伝統です。

個人競技のバドミントンで、なぜ、団体戦を大事にしているのか。それは、団体戦で勝てば、チーム全員で喜べるからです。試合に出られるメンバーは限られていますが、レギュラーの力だけで勝つことはできません。サポートする選手、スタンドから応援する選手、全員に「日本一のサポート、日本一の応援をして、みんなで戦おう」と伝えています。全員が日本一をめざして戦っているから、優勝したとき同じ気持ちで喜べるのです。

また、全国大会という舞台で力を出せるのは、「世界一ゲーム練習をやっている」といえるほど、ゲーム練習の量が多く、その質が高いからだと思います。試合というシチュエーションに慣れることに加え、仲間同士で削り合うことでメンタルも鍛えられる。「全国大会より、普段のゲーム練習のほうが苦しい」という選手もいるほどです。

大会前になれば、たくさんの卒業生が練習相手になります。彼らは大学や実業団チームの選手で、自分の練習もあるのに、時間を作ってやってきて、「頑張れよ」「全国制覇しろよ」と送り出してくれます。チーム全員が日本一をめざすうちに、卒業生、チームスタッフ、保護者など、自分たちを支えてくれる方々がいることに気づく。優勝という結果で恩返ししたいという思いが、選手たちを強くしていき、チームの結束力を高めていきます。

団体戦に挑戦することは、チームにとって、選手にとって、大きなプラスになります。日本一を勝ち取った選手たちが喜びを爆発させ、お世話になった先輩や、小・中学校時代の恩師に連絡する姿を見て、また次の代でもこの喜びを味わおうと、指導者として思うのです。

第 10 章
シングルス強化メニュー

1人で戦うシングルスで勝つには、強い心・技・体が求められます。
2対1、3対1など負荷をかけた厳しいメニューも、
試合を意識して取り組んでください。

オールコートのクリア

レベル　中級
時　間　5分

ねらい　シングルスに欠かせないクリアをオールコートで打ち合う、試合に直結する練習メニュー。体力、忍耐力、集中力を維持しながら、しっかり足を動かして、5分間ノーミスで打ち合う。

① オールコートで1対1、クリアを5分間打ち合う

✓ **CHECK!** 高さとコースを打ち分けながら、しっかり奥まで飛ばすことも意識する。

《 技術ポイント 》

2種類のクリアの打点

ハイクリア　　　　　ドリブンクリア

✓ **CHECK!** 低くて速いドリブンクリアの打点は、ハイクリアより少し前で、少し低い。

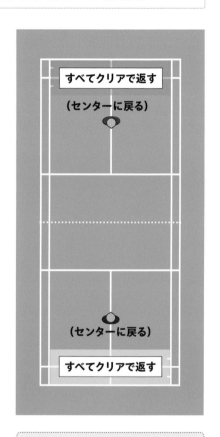

> すべてクリアで返す
>
> （センターに戻る）
>
> （センターに戻る）
>
> すべてクリアで返す

アドバイス！

シングルスのラリーを想定して、どんな高さやコースなら追い込めるのか、相手の体勢をよく見て打つこと。自分が不利なときは、高さのあるハイクリアで時間を作りましょう。楽をしようとシャトルの下まで足を運ばないと、手打ちになって奥まで飛ばせず、アゴが上がるなど、体に負担もかかります。1球ごとにセンターに戻って構えることも、忘れずにやり続けてください。

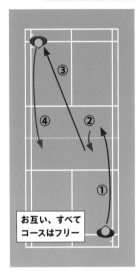

110

オールコートのカット交互

レベル　中級

時　間　5分

> **ねらい**　オールコートでカットを交互に打ち合いながら、ラリーで有利な状況を作ること、決めにいくこと、逆の立場からは逃げ方を覚える。ミスした状況も覚えておいて、普段の練習で克服する。

1 1対1でカット交互を5分間続ける

①カット②ヘアピン③ロブ④カットを、オールコート、コースフリーで行う。お互い決めにいって OK。

③
④
②
①

**お互い、すべて
コースはフリー**

アドバイス!

ヘアピンの次はロブが上がってきますが、先読みして下がらないこと。相手からのヘアピンを想定して、ネット前を潰しにいってから、コート奥のシャトルの下に足を運びます。よい体勢で打てずに追い込まれてしまったら、「つなぐカット」でしのぐ。相手を追い込んで「決めにいくカット」との打ち分けも意識してください。

111

オールコートの
スマッシュ交互

レベル　中級

時　間　5分

> **ねらい**　スマッシュ交互は、ロブやショートレシーブに応じたポジショニングが大事。相手のロブや自分の体勢により、決めるスマッシュ、つなぐスマッシュを打ち分ける技術も身につける。

1 1対1でスマッシュ交互を5分間続ける

①スマッシュ②ショートレシーブ③ロブ④スマッシュを、オールコート、コースフリーで行う。お互い決めにいって OK。

③
②
④
①

**お互い、すべて
コースはフリー**

アドバイス!

ロブやショートレシーブなど、自分のショットに応じたポジショニングを意識しましょう。スマッシュの後は、自分が打ったコースに詰めていき、レシーブの場面では、一番速いストレートを待つのがセオリーです。カット交互と同じく、パターンに合わせて先読みするのはNG。ヘアピンの後は、必ずネット前を潰しにいく動きを入れてください。

2対1

オールショート（2対1）

> **ねらい**　2対1のオールショートは1側を追い込むメニュー。足を使って5分間動き続け、シャトルを返し続ける。苦しい状況で確実につなぐことを覚えながら、体力と技術と心を鍛える。

1　2対1で、2側はどこに打ってもOK。1側はすべて相手コートのネット前に返す

アドバイス！

1側は前後左右に動かされながら、ネット前にシャトルを返し続けます。「苦しいときこそ足を使う」で、シャトルに食らいついてください。半面ずつの2側は、ネット前で待たないこと。必ずセンターから足を使って前に出て、1側を追い込んだり、時にはよい体勢に誘導したり、自分のコントロール練習として取り組んでください。質の高い5分間になるかどうかは、2側にかかっています。

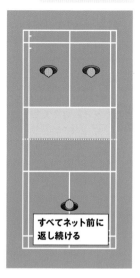

すべてネット前に返し続ける

2対1

オールロング（2対1）

> **ねらい**　2対1のオールロングも1側に厳しいメニュー。コート奥へのクリア、ネット前へのカット・ドロップ、速いスマッシュもしっかり奥まで返すことで、苦しい状況から立て直す形を覚える。

1　2対1で、2側はどこに打ってもOK。1側はすべて相手コート奥に返す

アドバイス！

1側は、相手を奥に押し返すことをイメージ。ラケットをしっかり振れる体勢になるため、足を使うように意識しましょう。あおられて奥まで飛ばせないときは、高さを出して構える時間を作ります。2側は時にはフェイントを入れて、クリア、スマッシュ、カットをわかりづらく打つこと。ラリーが続かない場合は、1側のスマッシュリターンをフリーにする（ショートリターンもOK）など工夫してください。

すべてコート奥に返し続ける

3対1

オールレシーブ（3対1）

ねらい 実際の試合より厳しい3人からの攻撃を、1人で守って、レシーブを強化する練習。レシーブの技術に加えて、ロブの高さやコースなど、打ち込まれる前のショットの精度も高める。

攻撃
（クリアあり）

レシーブ

1 後衛2人と前衛1人、3人からの攻撃を1人で守る

後衛はスマッシュ6、カット3、クリア1ぐらいの割合で。前衛はヘアピン、ロブ、プッシュを打ち分けて、1側をうまく回す。

アドバイス！

守る1側は、しっかり足を運んでレシーブをコントロール。打たれる前のショットの精度と、ポジショニングも意識してください。3側の後衛は動かない分、絶対にミスをしないで、スマッシュ、カット、時にはクリアを打ち分けること。前衛もミスは厳禁。空いたスペースに的確に打つ練習です。

2対1

スマッシュ&ネット（2対1）

ねらい スマッシュ&ネットをやる1側は、スマッシュを打って前に出るフットワークと、ロブを上げさせるヘアピンの質を高めながら、攻撃力と体力も強化。守る2側はコントロールを磨く。

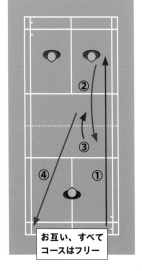

②
③
④　①

お互い、すべて
コースはフリー

1 2対1で、1側がスマッシュ&ネット。2側は半面ずつ守りながら1側を動かす

①スマッシュ②ショートレシーブ③ヘアピン④ロブ

アドバイス！

1側はよい体勢でスマッシュを打ったら、フットワークのスピードを上げてネット前に出ること。より高い位置でヘアピンを打ち、ネット前を潰す動きを入れて甘いロブを上げさせます。攻め続けながら、「よいショットを打てばチャンスが生まれる」ことを体感してください。不十分な体勢のときは、つなぎのスマッシュでラリーを続けます。

全面フリー（2対1）

レベル　中〜上級

時間　5分

> **ねらい**　2対1でやる全面フリーは、1側に大きな負荷をかける練習。2人を相手に、打っても打っても決まらない状況で、シャトルに食らいつき、長いラリーに耐えながら、体と心を鍛える。

① 2対1で全面フリー

必ずサービスから始める。2側はダブルスの動きにならないように、ローテーションなしで半面ずつカバー。

《 技術ポイント 》

2側はサイドに並ぶ

☑ **CHECK!** 2側は半面シングルスのつもりで、ダブルスのローテーションはしない。

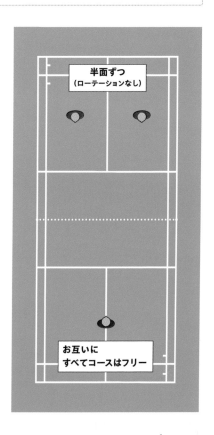

半面ずつ
（ローテーションなし）

お互いに
すべてコースはフリー

アドバイス！

2対1の全面フリーは、1側にとって最もキツい練習の1つ。常によい形で打てる2側を相手に、いかに頑張れるかが勝負です。といっても、2人の弱点である真ん中をねらって点を取りにいかないこと。2側は1人が前に詰めてトップ&バックになって、速い展開で決めにいくのはNGです。あくまでもシングルスの練習として、お互いに試合本番を意識したラリーをしてください。

▶️ 指導者 MEMO ✏️

頑張らせるために点数をつけてもいいですが、勝つことだけが目的のゲームにならないように注意。ラリーの中で、それぞれの選手の得意と不得意を見極めてください。飛び抜けた実力のエースが1人いるチームは、エースを1側にすれば追い込む練習ができます。

1対1

スマッシュなしフリー

レベル　中〜上級
時　間　10分

ねらい
試合と同じ状況でスマッシュという決め球を使わず、相手を崩して点を取る。ラリーの組み立て、プレーの引き出しを増やすための練習。ラリーが長くなるので、体力とフットワーク強化にもつながる。

① **コート全面を使って1対1、スマッシュなしでフリー**

アドバイス！

スマッシュなしにする目的は、強打だけに頼らないスタイルを身につけること。体格に恵まれた選手はスマッシュ一発で決めたくなりますが、レベルが上がれば通用しません。クリア、カット・ドロップ、ヘアピン、ロブで相手を崩し、自分がミスをしないことを心がけてください。ミスが多くなりやすいスマッシュを入れないことでラリーは長くつながります。体力、フットワーク、集中力を維持して、1試合を戦い抜く力をつけましょう。

1対1

全面フリー（1対1）

レベル　中〜上級
時　間　10分

ねらい
1対1で何の制約もない全面フリー。これまで身につけたものをすべて出して、お互いが全力で勝ちにいく。点数をつけてゲームにしてもいいし、時間を短く区切って、多くの人と対戦してもいい。

① **コート全面を使って1対1でフリー**

▶◀ 指導者 MEMO

試合と同じ1対1の全面フリーは、21点の真剣勝負でやると、負け続けてしまう選手が出てきます。そんなときは、「うまくいかないときこそ考えよう」と声かけを。何をやってもダメな状況は、試合中によくあります。そこで、「何がどうダメなのか」を考えて改善するクセをつけることも、大事な練習です。勝ちっぱなしの選手には、「よいときこそ考えよう」と声をかけ、自分の強みを自覚させてください。

技術解説（1対1）

ハイバックカットから
ストレート前の展開

レベル	中級
回数	10回× 3〜5セット

ねらい バック奥に追い込まれたときに使うハイバックは、シングルスで戦うためにマスターしておきたい武器。ストレートカットから始めて、毎日コツコツ練習しながら感覚をつかんでいく。

① ハイバックの
　ストレートカット

② ストレートヘアピン

③ ストレートヘアピン

④ ストレートロブ

アドバイス！

ハイバックは毎日コツコツと練習して、自分の感覚を身につけるショット。まずは、ラケット面を合わせることを意識しましょう。

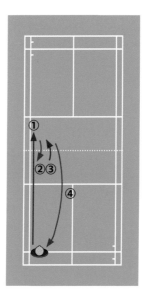

《 技術ポイント 》

ハイバックの握り方

☑ CHECK!

人それぞれでよいが、細い部分に親指を合わせる場合が多い。

《 技術ポイント 》 ハイバック・ストレートカットのフォーム

☑ CHECK!

相手コートに背中を向けて右足を踏み込む。着地はかかとから。

☑ CHECK!

シャトルをよく見て、ラケット面を合わせながらインパクト。

☑ CHECK!

ストレートに打ちたいときは、ストレート方向にフォロースルー。

技術解説（1対1）

ハイバックカットから
クロス前の展開

レベル	中級
回数	10回×3～5セット

ねらい　フォア前とバック奥を往復しながら、ハイバックのクロスカット。長い距離を動き、より追い込まれながら確実に入れる。球出し側は、ロブとヘアピンをきっちりコントロールする練習。

1. **ハイバックの　クロスカット**
2. **ストレートヘアピン**
3. **ストレートヘアピン**
4. **クロスロブ**

アドバイス！

ハイバックはラケット面がクロスを向きやすく、クロスのほうが打ちやすいもの。難しいと思い込まずチャレンジしましょう。

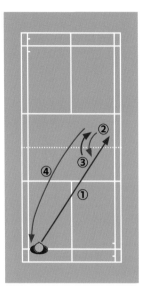

《 技術ポイント 》

ハイバックの入り方

☑ CHECK!
わざと遅れて入って、苦しい体勢からも打てるように練習する。

《 技術ポイント 》　ハイバック・クロスカットのフォーム

☑ CHECK!
入り方はストレートと同じ。背中を向けて右足かかとから着地。

☑ CHECK!
ラケット面をクロス側に向けてシャトルをとらえる。

☑ CHECK!
クロス方向にフォロースルー。次に備えてすぐセンターに戻る。

技術解説（1対1）

ハイバッククリアからの展開

ねらい ▶ ハイバックのクリアも練習しておきたいショットの1つ。しっかり背中を向けること、力んで大振りするのではなく、「インパクトで握り込みながら弾いて飛ばす」感覚を身につける。

(1) ハイバックのストレートクリア

(2) ストレートカット

(3) ストレートヘアピン

(4) ストレートロブ

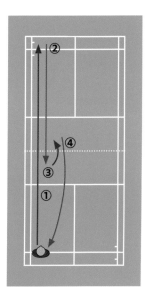

アドバイス！

バック奥はラウンドで入るのが理想。追い込まれてしまった緊急時に使うのが、ハイバックです。握り方やとらえ方は人それぞれの感覚があるので、自分に合った打ち方を見つけてください。

《 技術ポイント 》 **ハイバック・ストレートクリアのフォーム**

☑ **CHECK!**

ラケット面を合わせにいき、インパクトでギュッと握り込む。

☑ **CHECK!**

シャトルを弾くように打ち、ラケットを止める。

戻す

☑ **CHECK!**

止めたラケットを少し戻すことで、弾く勢いを増す。

技術解説（1対1）

ハイバックスマッシュからの展開

レベル	上級
回 数	10回× 3〜5セット

ねらい ハイバックのスマッシュは決め球ではなく、つなぐことを目的とする。プレーの引き出しを増やすとともに、強く打つことで、ハイバックのカットやクリアが安定するという効果もある。

① ハイバックの
ストレートスマッシュ

② ストレートの
ショートレシーブ

③ ストレートヘアピン

④ ストレートロブ

アドバイス！

ハイバックのスマッシュは決め球ではなく、つなぐ球です。速いリターンを予測して、すぐ戻りましょう。

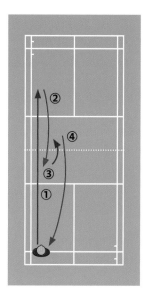

《 技術ポイント 》

ハイバック後はすぐ次！

☑ CHECK！

追い込まれた状況なので、打ち終わったらすぐ前を向いて次へ。

《 技術ポイント 》 **ハイバック・ストレートスマッシュのフォーム**

☑ CHECK！

ラケット面を上から合わせにいき、インパクトでギュッと握り込む。

☑ CHECK！

角度をつけながら弾くように打ち、ラケットを寸止めする。

戻す

☑ CHECK！

止めたラケットを少し戻すことで、弾く勢いを増す。

第10章 シングルス強化メニュー

緊張を乗り越え、「強い選手」になるために
（埼玉栄高校男子バドミントン部コーチ・堂下智寛）

「試合になると緊張して、練習のようにプレーできない」と悩む選手は多いと思います。

試合で緊張するのは当然です。それだけ勝ちたいと思っているわけで、決して悪いことではありません。よく見れば、相手も緊張しているでしょう。団体戦と個人戦の両方で日本一をめざす埼玉栄高校の選手も、試合前は緊張でガチガチになっていることがあります。乗り越え方は人それぞれ。普段はおとなしいのに、大声をあげてガッツポーズをする選手もいれば、点を取ってもミスをしても、変わらず淡々とプレーする選手もいます。「緊張してダメだった…」で終わらず、乗り越える方法を見つけましょう。

「試合を楽しめ」という言葉を、私は使ったことがありません。絶対に負けられない戦いの前、そんなふうに思えないのが現実ではないでしょうか。コートに向かう選手にかける言葉は、「これまでやってきたことを出しきるだけだ！」です。

選手にとって何よりも支えとなるのは、日本一の練習をやってきたという自信です。厳しい練習に耐えてきたから、厳しい試合で勝つことができる。「もうダメか」というところでシャトルに追いつき、相手コートに返すことができる。土壇場の場面、ここで勝ってほしいという、みんなの思いに応えて勝ってくれる選手を、「強い選手」というのだと、私は思っています。

そして、勝っても負けても、結果は過去のこと。絶対に変わらないのですから、すぐに次へのスタートを切りましょう。高校の大会は団体戦の後に個人戦が続くので、勝っても負けても、気持ちを切り替えることを大事にしています。勝った後は浮かれてしまいますが、反省するところもあるはずです。負けた後は、すべてがダメだったと落ち込んでしまいますが、よかった部分も必ずあったはずです。試合で気づくことはたくさんあります。しっかり分析して、次に進んでいきましょう。

第 11 章

ダブルス強化メニュー

ダブルスは個人の技術を高めることに加え、パートナーとの連携が大事です。
より速いラリー展開に対応するためのメニューをこなして、
試合本番で戦えるペアを作っていきましょう。

1対1

スマッシュ、ドライブリターンからの展開（1対1）

レベル　中級

時　間　半面5分ずつ

> **ねらい**　スマッシュを体の前でとらえてドライブでリターン。守りから攻めに転じる、ダブルスでよくあるパターンを覚える。攻守交替は行うが、互いに「攻め続ける」意識を体に染み込ませる。

《 技術ポイント 》

連続ドライブのスイング

インパクト

コンパクトに振る

ラケットを上げる

① ストレートスマッシュ

② ドライブレシーブ

③ ドライブを何度か打ち合う

④ 守備側がショートレシーブ

⑤ 攻撃側がロブ（攻守交替）

▶逆サイドでも行う

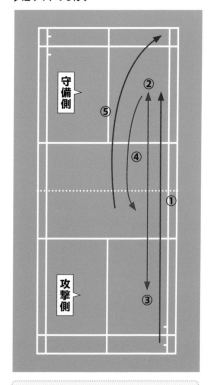

守備側

攻撃側

アドバイス！

細かいステップで足を動かして、よい体勢を作ること。お互いが攻める意識で、ボディをねらうなどして、決めにいってOKです。

☑ CHECK!　②③のドライブの打ち合いは、打ったらすぐラケットを上げて構える。

1対1

半面の前後なしフリー（1対1）

レベル	上級
時 間	半面5分ずつ

ねらい 「チャリチャリ」と呼ばれるメニューで、コートの前後を使わない、ロブを上げない低い展開を身につける。半面の1対1は、相手を追い込む工夫と速いラケットワークを磨くのに最適だ。

1 前後なしの半面で1対1のフリー。逆サイドも同じように行う。

右サイド　　　　左サイド

お互い、範囲内でコースもショットもフリー

お互い、範囲内でコースもショットもフリー

第11章　ダブルス強化メニュー

アドバイス！

1対1の半面は、前後なしにすることでロブがなくなり、低く速い展開に。タッチの速さとラケットワークが勝負です。基本は相手を前に詰めさせないことですが、「わざと前に引きつけて後ろ」「浅い位置から打たせてカウンター」など組み立てを考えてください。点数をつけてやるのもおすすめです。

2対1

ハーフから後ろでアタック（2対1）

ねらい　1側はコート後方で左右に振られながら攻め続け、後衛に必要な攻撃力とカバー力を鍛える。2側はロングリターンとドライブを使い分け、レシーブで相手を追い込むことを覚えていく。

《 技術ポイント 》

守備側のポジショニング

向かって右側から相手が攻撃

センターライン

✔ CHECK!　ストレート側の選手は、ストレートスマッシュを警戒。パートナーは、センターラインをまたぐ位置まで寄る。

向かって左側から相手が攻撃

センターライン

✔ CHECK!　向かって右側と逆になる。2人の間へのショットは、ストレート側の選手ではなく、クロス側の選手が取る。

① 2対1で2側がレシーブ、1側がコート後方から攻撃

お互いコースはフリーだが、守備側はショートレシーブはなし。

すべて守備
（範囲内に返す）

すべて攻撃
（コースはフリー）

アドバイス！

攻撃側は一発で決めようとせず、攻め続けてチャンスを作ること。レシーブ側はポジショニングが大事。「センターへのショットはクロス側が取る」を徹底してください。

2対1

全面アタック&半面レシーブ（2対1）

レベル　中級
時　間　半面5分ずつ

> **ねらい** 2側がコート全面から、決められた半面に攻撃。ダブルスの実戦に即したポジショニング、ローテーション、球回しを身につける。1側はレシーブ力を磨きながら、相手の穴を探して追い込む。

《 技術ポイント 》

後ろから前へのローテーション

前に出る

プッシュ

✔ **CHECK!** 2側は攻め続けながら、積極的に前に詰めてローテーションする。

1 2対1で2側が全面から攻撃、1側は半面を守る

攻撃する2側はクリアなし、ローテーションあり。逆サイドも行う。

すべて守備
（コースはフリー）

範囲内に
すべて攻撃

アドバイス！

攻撃側はスマッシュとプッシュが主体で、カットとヘアピンは、どうしても間に合わないときだけ。攻め続けながら、ローテーションの穴を作らないようにします。

2対1

「つなぎ」のオールショート（2対1）

> **ねらい**　1側はコート全面を動きながら、後衛に必要な体力とカバー力、ゆるいショットのコントロール力をつける。動かす2側も足を使い、緻密なコントロールで1側を追い込んでいく。

《 技術ポイント 》

ハーフからのつなぎ・上から

☑ CHECK! つなぎのショットは次の攻撃に向けて、しっかり沈める。

ハーフからのつなぎ・下から

☑ CHECK! ハーフからは打点が低くてもシャトルを浮かせず、送り出すように打つ。

① 2対1で、1側はコート全面を動きながら、すべてネット前に返す

2側はドライブ、ハーフ、低めのロブなども使って、1側を追い込む。

コースはフリー

すべてネット前に返す

アドバイス!

1側は細かいステップを踏んで、なるべく高い位置でとらえること。相手に上げさせるため、シャトルを沈めます。下からでも浮かないように、返し続けてください。

2対1

ストレートレシーブ&プッシュ（2対1）

レベル	中級
時間	5分

ねらい 2側がレシーブ、1側がプッシュを、基本のストレートで正確に打ち合う。1側はサイドチェンジするためのクロスプッシュの技術も磨き、2側はクロスプッシュに素速く反応して守る。

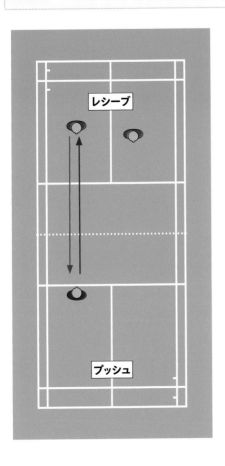

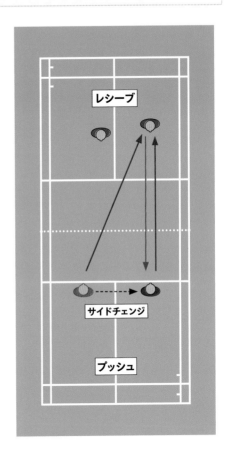

① 2対1で2側がレシーブ、1側がプッシュ。コースはストレート

✔ CHECK!
1側は前衛をイメージ。小刻みなステップとコンパクトなスイングでストレートに打ち続け、自分のタイミングでクロスに打ってサイドチェンジ。

② クロスプッシュでサイドチェンジ。逆サイドでストレートで打ち合う

✔ CHECK!
レシーブ側は、2人のポジションを考えながらクロスに反応。小刻みなステップと、膝も使う。お互い大きな動きはないが、「足を使う」ことを意識する。

menu 129
全面プッシュ&半面レシーブ（2対1）

> **ねらい** 1側は攻め込まれている場面を想定してレシーブ。半面からストレートとクロスに打ち分け、クロスに出すタイミングもつかむ。2側はプッシュのコントロールを高めて打ち続ける。

《 技術ポイント 》

プッシュの構え

ラケットを上げて小刻みにステップ

☑ CHECK! プッシュ側は常にラケットを上げ、足もとは小刻みなステップを踏んで準備。

レシーブの構え

重心を低く体の前でレシーブ

☑ CHECK! レシーブ側は低く構えて準備。コンパクトなスイングで左右に打ち分ける。

① 2人がネット前に並んで立ち、半面の1人にプッシュ

② レシーブの1側は、半面からコースフリーで返し続ける

▶逆サイドでも行う

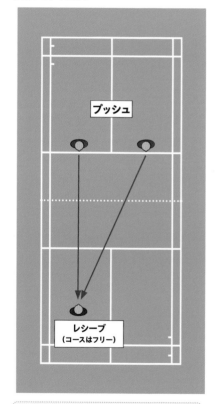

プッシュ

レシーブ（コースはフリー）

アドバイス！

全員が体の前でシャトルをとらえることを意識。特にクロスレシーブは体の前でないと打てません。自分がクロスに打てるタイミングをつかむことも練習です。

2対2
プッシュ対プッシュレシーブ（2対2）

ねらい コート全面、2対2のメニューは試合を強くイメージする。プッシュ側は前衛の練習、レシーブ側は連続して攻められている場面をしのぐ練習。打ち合う中で、よい形と感覚をつかんでいく。

《 技術ポイント 》

プッシュ側のポジショニング

☑ **CHECK!** センターラインで2分割ではなく、2人でストレートに寄る。自分たちが打ったプッシュの次、さらに次の展開を先読みして、シャトルをつかまえる。

レシーブ側のポジショニング

シャトルを打つ人に体を向ける

☑ **CHECK!** レシーブもセンターラインで2分割ではなく、ストレートに寄る。クロス側の選手はシャトルの方向に体を向けること。体の前でとらえる形を身につける。

1 2対2、コート全面でプッシュ&レシーブ

プッシュ
（コースはフリー）

レシーブ
（コースはフリー）

アドバイス!

前衛が2人いるという、試合より速い展開でのプッシュ&レシーブです。お互い一番速いストレートに合わせながら、クロスにも反応するには、ポジショニングが大事。体の前でシャトルをとらえて、力強く打ち合い続けます。

2対2

トップ&バック対サイド・バイ・サイドのドライブ（2対2）

レベル　中〜上級
時間　各5分

トップ&バック側は攻め続けることを、サイド・バイ・サイド側は守りから攻めに転じることを想定して、ドライブを打ち合う。どちらも準備を速く、相手を崩して決めにいく形を覚える。

① トップ&バックとサイド・バイ・サイドでドライブを打ち合う

コースはフリー。トップ&バック側はローテーションあり。

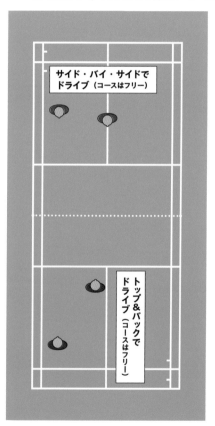

サイド・バイ・サイドでドライブ（コースはフリー）

トップ&バックでドライブ（コースはフリー）

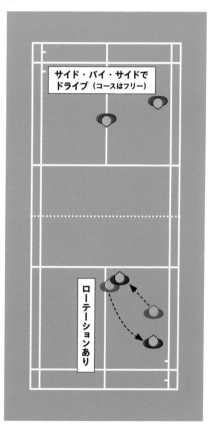

サイド・バイ・サイドでドライブ（コースはフリー）

ローテーションあり

☑ **CHECK!**

サイド・バイ・サイド側は下がって守るのではなく、より前で、より高い打点から攻撃に転じる。相手前衛に当てにいってのカウンターもあり。

☑ **CHECK!**

トップ&バック側は足を使い、2人でローテーションしながら前へ前へと攻め続ける。前衛はどこまで手を出してよいか、速い展開の中で判断する。

2対2

全面フリーのドライブ（2対2）

ねらい ドライブしか打てない制約の中、相手コートにできた穴や取りづらいところを見極めて決める。試合と同じつもりで前に詰め、パートナーが抜かれた場合はしっかりカバーして立て直す。

《 技術ポイント 》 ラウンドのドライブ

膝をやわらかく
使う

体の前で
とらえる

コンパクトに
スイング

✔ **CHECK!** バック側は、より上でとらえるラウンドでも打てるように。肘を上げて体の前でとらえ、コンパクトに振る。

① **コート全面、2対2で
ドライブを打ち合う**

お互いコースはフリー、ローテーションあり。

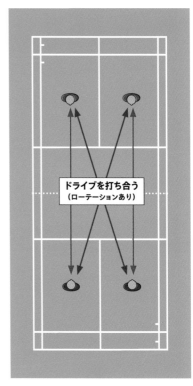

ドライブを打ち合う
（ローテーションあり）

アドバイス！

ドライブしか打てない状況で、ローテーションしながら前へ前へと攻めて決めにいきます。相手コートの空きスペース、ローテーションの間など、相手の「穴」を見つけてください。さらに、「パートナーを苦しめないコース」も考えましょう。

133 トップ＆バック対 サイド・バイ・サイド（2対2）

レベル　中～上級
時間　攻守10分ずつ

ねらい トップ＆バック側は攻撃力アップと、苦しい場面でつなぐことを覚える。サイド・バイ・サイド側は守備力アップと、レシーブで相手を崩すことを覚える。試合に近い状況で判断力を磨く。

① トップ＆バックとサイド・バイ・サイドを固定して、攻撃と守備を行う

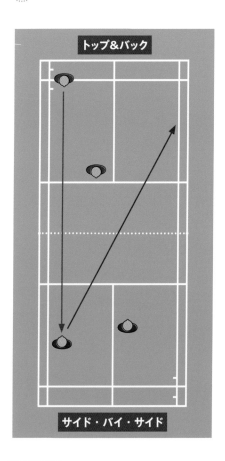

☑ CHECK!
サイド・バイ・サイド側はラリーを続ける中で、「守る」「攻めに転じる」を判断。クロスに大きく振って「相手を崩す」キッカケを作ることも大事。

☑ CHECK!
ローテーションしながら攻め続けるトップ＆バックは、クリアなし。体力を削られる中で雑にならないこと。すべて全力ではなく、つなぐショットも入れる。

ノーロブのフリー（2対2）

> **ねらい**　ハーフより前の範囲で前に詰めて、相手に攻めさせず、自分たちが攻める展開を作って決めにいく。全員が細かいステップで動き続け、速いタッチとローテーションを体で覚える。

《 技術ポイント 》

高い打点から打つ

✔ **CHECK!**　相手に攻撃させないため、速いタッチでとらえ、高い打点から打ち込む。

低い打点から打つ

✔ **CHECK!**　低い打点でも浮かないように。相手が決められないスペースを探して打つ。

1　2対2、ロブ禁止で全面フリー

前めのポジションで
ローテーション
（ロブは禁止）

アドバイス！

常に先手を取って攻めること。相手をよく見て、ポジションが下がっていたら、ネット前に落とすのもアリです。シャトルにさわっていない人のポジションと構えも大事。どこに打てばどこに返ってくるのか、2人のコンビネーションを高めます。

2対2

全面フリー（2対2）

レベル　中〜上級

時間　10分

ねらい 試合とまったく同じ状況でやる全面フリーは、練習の総決算といえるメニュー。練習の成果を試す場であり、技術、体力、精神力、すべてを磨いて試合に備えることが目的だ。

1 2対2で全面フリー

✔ CHECK! 実際の試合と同じ状況で、練習で身につけたことを出し合って真剣勝負をする。

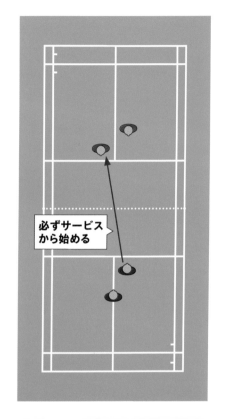

必ずサービス
から始める

指導者 MEMO

2対2の全面フリーは、練習の集大成といえるメニューです。点数をつけても、時間で区切ってもいいですが、試合本番と同様、必ずサービスからラリーを始めてください。仲間同士で勝敗がつくのを嫌がる選手もいますが、真剣勝負の速い展開からつかめるものがあります。得意なプレーが出せているか、苦手としているのはどんな展開なのか、選手それぞれのプレースタイルに目を向けましょう。また、本気で勝ちにいきながら、練習で身につけたものを積極的に試す機会にできるように、声かけをしてください。

✔ CHECK! 実際の試合と同じくサービスから始める。ラリーの最初から真剣勝負！

3対2

アタック&レシーブ（3対2）

> **ねらい** 後衛2人と前衛1人、試合より厳しい状況を2人で守るレシーブの強化練習。攻めに転じるチャンスを作るため、ポジションも打点も下がらないこと。3側はそれぞれの役割をこなす。

① 3対2で、3側はすべてアタック、2側がレシーブ

✔ **CHECK!** アタックの3側は、前衛1人、後衛2人で、ローテーションはしない。レシーブの2側はサイド・バイ・サイド。

すべて攻撃

後衛1　　　後衛2

前衛

すべてレシーブ

▷📣 指導者 MEMO ✎

3側の後衛は左右の動きはありませんが、1人でネット前をカバーする前衛は試合と同じ条件です。まずは、相手のドライブレシーブをつかまえにいきましょう。抜かれても後衛が2人いるので、思いきってねらいを絞ってOKです。後衛が打ちやすい展開を作るため、「シャトルにさわる」から、「ネット前に落とす」「強く叩く」とレベルアップしていきましょう。一度さわられても安心せず、「さわったら、すぐ次」と集中し続けて、シャトルをコントロールしてください。後衛が前衛の抜け球をフォローする場合、下からロブを上げるのは禁止です。ハーフからも後ろから拾う場面も、ドライブで攻め続けてください。

> **アドバイス！**
>
> アタックする3側は、クリアとロブなしで攻め続けます。ローテーションはしませんが、細かいステップを踏んでシャトルの下に足を運び、よい体勢から強いショットを打ち込むこと。レシーブの2側は、ポジションが下がると守りきれなくなります。しっかり構えて体の前でシャトルをとらえ、相手の前衛につかまらないように返し、攻撃に転じるチャンスを作りましょう。

全面フリー（3対2）

> **ねらい** 後衛2人と前衛1人、万全の体勢で打ってくる相手とラリーをしながら、ペア力を高める。相手の攻撃をしのぎ、スペースがない中で攻めに転じて点を取る。戦術とスピードの勝負。

《 技術ポイント 》

3側の前衛の姿勢

攻めているとき

☑ CHECK! 攻めているときはラケットを上げて、上からネット前を潰しにいく。

守っているとき

☑ CHECK! 守っているときは低い姿勢になり、シャトルが当たらないようにする。

1　3対2で、全面フリー

3側は、前衛1人、後衛2人。2側はローテーションしながら、トップ&バックになって攻撃する。

後衛1　後衛2

前衛

トップ&バック

サイド・バイ・サイド

> アドバイス！
>
> 2側が不利ですが、お互いにスピードを上げ、相手の穴を突く工夫をして、全力で勝ちにいきましょう。点数をつけても OK。

第 12 章

実戦的ノック

ノックは試合本番より速いテンポでシャトルを打つことができ、
自分の強みと弱みがハッキリわかるという利点があります。
試合のどの場面に当てはまるのか、意識して取り組んでください。

ノック

フォアヘアピンから
バック側のアタック

レベル　中級

回　数　3カ所を5周

> **ねらい**　「ネット前に落としてロブを上げさせてスマッシュ」という、シングルスの攻撃パターンを身につける。ヘアピンは高い位置で、スマッシュを打ったら、前に出て決めにいく。

《 **技術ポイント** 》　**ヘアピンの打点は高く（フォア）**

✔ CHECK!

相手にロブを上げさせることをねらって、ヘアピンはなるべく高い打点で。

1 センターから出て、フォア前でヘアピン

2 バック奥に下がって、ラウンドでスマッシュ

3 バックプッシュ

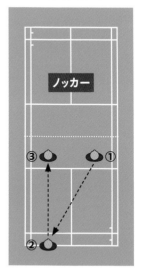

ノッカー

ノック

バックヘアピンから
フォア側のアタック

レベル　中級

回　数　3カ所を5周

> **ねらい**　メニュー138の逆サイドのパターン。今のバドミントンで主流のフォア奥から、しっかり攻撃できるようにする。足を運んで体を入れて打つことを染み込ませる。

《 **技術ポイント** 》　**フォア奥は体を入れる**

✔ CHECK!

フォアは手打ちにならず、しっかり足を運んで体を入れて打つことを習得する。

1 センターから出て、バック前でヘアピン

2 フォア奥に下がってスマッシュ

3 フォアプッシュ

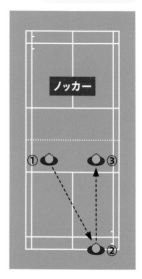

ノッカー

ノック

右左のヘアピンから
ラウンドスマッシュ

レベル　中級

回　数　3カ所を5周

> **ねらい** 「ヘアピンに対して相手がクロスヘアピン」という、シングルスでよくあるパターンからの展開。高い位置からネット前に落としてロブを上げさせ、攻撃する形を身につける。

《 技術ポイント 》 **ラウンドから前に出る**

→前へ

✔ **CHECK!**

ラウンドのスマッシュは空中でバランスを保ち、着地したらすぐ前に出る。

ノッカー

1 センターから出て、フォア前でヘアピン

2 バック前でヘアピン

3 バック奥に下がって、ラウンドでスマッシュ

ノック

左右のヘアピンから
フォアスマッシュ

レベル　中級

回　数　3カ所を5周

> **ねらい** メニュー140の逆パターン。ヘアピンの打ち合いからストレートに下がってフォアスマッシュ。意外と難しいフォアからのストレートスマッシュを確実に打てるようにする。

1 **センターから出て、バック前でヘアピン**

2 **フォア前でヘアピン**

3 **フォア奥に下がってスマッシュ**

ノッカー

アドバイス!

ノックは、試合の一部を切り取ったものと考えて行うこと。たとえば、メニュー138〜141を「ネット前から上げさせて攻める」と設定して取り組めば、試合中に「ノックでやった場面だ!」と思い出すことができます。ノッカーは、選手が順番どおりに流れて動かないように、途中で少しタイミングを外すなど、より試合に近づけるようにしてください。シャトルを出すスピードは、レベルや目的に合わせて変えましょう。

ノック

ストレート前→クロスに下がる アタック（シングルス）

レベル　中級

回　数　4カ所を5周

ねらい シングルスの前後の動きで、後ろから前がストレート、前から後ろがクロス。対角線を下がってのスマッシュを強く打てるように、後半まで続く体力も強化する。

《 **技術ポイント** 》 **ヘアピンの打点は高く（バック）**

✔ **CHECK!**

相手に浅いロブを上げさせるため、バックヘアピンも高い打点で打つ。

1　センターから出て、フォア奥でスマッシュ

2　フォア前でヘアピン

3　バック奥に下がって、ラウンドでスマッシュ

4　バック前でヘアピン

ノッカー

ノック

クロス前→ストレートに下がる アタック（シングルス）

レベル　中級

回　数　4カ所を5周

ねらい シングルスの前後の動きで、後ろから前がクロス、前から後ろがストレート。長い距離を走ってのヘアピンを確実に入れて、次の攻撃につなげる形を覚える。

1　センターから出て、フォア奥でスマッシュ

2　バック前でヘアピン

3　バック奥に下がって、ラウンドでスマッシュ

4　フォア前でヘアピン

ノッカー

アドバイス！

メニュー142、143は4カ所を5周、連続20カ所でシャトルを打ち、すべてノーミスで終えることをめざします。後半は息が上がってきますが、最後まで足を動かしてシャトルの下に入ること。苦しい場面ではぎりぎりをねらわず、確実に入れることも覚えましょう。ノッカーは、選手がスムーズに動けるようにシャトルを出し、それぞれの目的や強化ポイントに合わせて、スピードやタイミングを調節してください。

144

ノック

全面フリー（シングルス）

レベル　中〜上級

回数　20本×
3〜5セット

ねらい シングルスコート全面に出されたシャトルを、すべて相手
コートに返す。チャンスなのか追い込まれているのか、動き
ながらの判断力とショットの選択力も磨く。

ノッカー

すべて相手コートに返す

① ノッカーがコート全面に出すシャトルに、
足を使って追いつき、すべて打ち返す

≫▶ 指導者 MEMO

コート全面でのフリーは、試合を意識できるメニューです。1対1より
速く厳しいタイミングでシャトルを出して追い込んだり、わざと甘く出
して決めさせたり、メリハリをつけましょう。全力で動き続ける中で、
どんなショットが打てるのか、打てないのか、弱点をあぶり出すこと
も大事。得意と苦手を選手に自覚させて、上達につなげてください。

---

menu

145

ノック

フォアプッシュ2本→
バックとラウンドで連続プッシュ

レベル　中〜上級

回数　4カ所を5周

ねらい ダブルスの前衛を強化するノック。プッシュ一発で決めよう
とするのではなく、「プッシュをキッカケとして次のリターン
を待って決める」という意識と技術を高める。

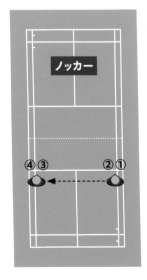

ノッカー

④③　②①

① **フォアプッシュ**

② **フォアプッシュ**

③ **バックプッシュ**

④ **ラウンドでプッシュ**

アドバイス！

1本目のフォアプッシュは、ネット前に詰めて相手コートを突くように。2
本目は、そのリターンをフォアプッシュで決める。3本目のバックプッシュ
は少しゆるめに打って甘いリターンを誘い、4本目のラウンドプッシュで
仕留める。「甘いリターンを誘うプッシュ→決めるプッシュ」という形は、
ダブルスの試合でよく使います。ラケットを上げてコンパクトに振り、常に
「次」をねらいにいきましょう。

ノック

ストレート前→クロスに下がる アタック（ダブルス）

レベル　中級

回　数　4カ所を5周

ねらい 「スマッシュからストレート前に出てドライブ」という、ダブルスの攻撃パターン。高い打点からコンパクトなスイングでドライブを打ち、速いテンポで攻め続ける。

1 センターから出て、フォア奥からスマッシュ

2 フォアでドライブ

3 バック奥に下がって、ラウンドでスマッシュ

4 バックでドライブ

アドバイス！

コートに入ったら、ダブルスの後衛をイメージしてください。スマッシュを打って、すぐ前に出ることを意識。前衛が抜かれたリターンを、ドライブで返す。さらに、クロスに上がってきたところをスマッシュ、前に出てドライブ。常に前をねらいながら、足を使って攻め続けます。ノッカーは、シャトルを出すタイミングが遅れないように。ロブの高さを変えるなど、選手が楽に終わらないようにしましょう。

ノック

クロス前→ストレートに下がる アタック（ダブルス）

レベル　中級

回　数　4カ所を5周

ねらい スマッシュをクロスリターンされる、ダブルスでよくあるパターン。クロスリターンに素速く追いつきドライブで押し込む。足を使って攻め続けることを意識する。

1 センターから出て、フォア奥からスマッシュ

2 バックでドライブ

3 バック奥に下がって、ラウンドでスマッシュ

4 フォアでドライブ

アドバイス！

スマッシュの後クロスに振られる、ダブルスの後衛にとってキツい場面。高い打点で打てるかどうかが、攻め続けられるか、守りに回るかの分かれ道です。ただし、無理に強く打ってネットにかけるのは、絶対にしてはいけないこと。実際の試合でラリーを続けるには、「つなぐ」判断と技術も必要です。連続20本を1人で打ち続ける中で、どんな形でも攻めること、無理せずつなぐことの両方を身につけてください。

ノック

ストレート前→クロスに下がる ドライブとプッシュ

レベル　中級

回　数　4カ所を5周

> **ねらい**　ドライブを打ってまっすぐ前に詰めて、前衛となってプッシュ。ドライブからスムーズに前に入っていく、ダブルスのローテーションの基本的な動きを身につける。

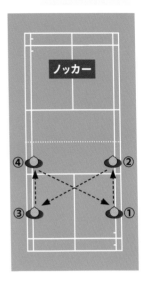

1　センターから出て、フォアドライブ

2　ストレート前に出て、フォアプッシュ

3　クロスに下がって、バックドライブ

4　ストレート前に出て、バックプッシュ

アドバイス！

ダブルスで前へ前へと詰めて決めるために、ドライブは欠かせないショットです。ドライブからネット前に詰めてプッシュという流れの中で、一歩でも速く前に出て、少しでも高い打点でシャトルをさわることをめざします。それが相手へのプレッシャーになり、自分で決められなかったとしても、パートナーへのナイスアシストにつながるのです。力んで大振りしないように、コンパクトなスイングも心がけましょう。

ノック

クロス前→ストレートに下がる ドライブとプッシュ

レベル　中級

回　数　4カ所を5周

> **ねらい**　ドライブを打って、相手がクロスに逃げてきたところを、前でつかまえてトップ＆バックに。メニュー148に比べるとイレギュラーだが、実際によくあるパターンを克服しておく。

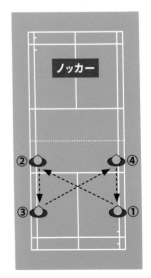

1　センターから出て、フォアドライブ

2　クロス前に出て、バックプッシュ

3　まっすぐ下がって、バックドライブ

4　クロス前に出て、フォアプッシュ

アドバイス！

打ってそのまま前に出るメニュー148に対し、斜め前に出るパターン。ドライブ後はセンターを少し意識して、クロスとわかった瞬間、シャトルに飛び込んでつかまえるイメージです。焦って手を伸ばすのではなく、必ず足を使って体を運び、確実にシャトルをとらえること。大振りせず、常に「すぐ次」を準備です。ノッカーは選手が走り抜けないように、ほんの少し間を置いて、ネット前にシャトルを出してください。

ノック

6点連続のアタック（ダブルス）

レベル　中級

回　数　6カ所を3周

ねらい 後衛でのスマッシュから、相手のリターンを1つずつ前でとらえてローテーション。パートナーがいることをイメージして、後衛からためらわず前に出て攻める形を身につける。

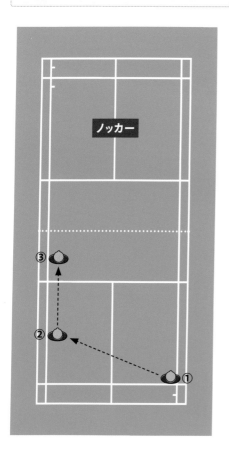

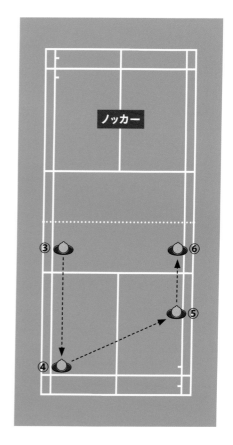

1 ①フォアスマッシュ②バックドライブ③バックプッシュ

✔ CHECK!

フォア奥からのスマッシュをクロスリターンされた想定で、バックドライブで対応。そのまま前に出てバックプッシュ。そこからバック奥に下がる。

2 ④ラウンドスマッシュ⑤フォアドライブ⑥フォアプッシュ

✔ CHECK!

バック奥からラウンドでスマッシュ。クロスリターンされた想定で、フォアドライブ。前に出てフォアプッシュ。フォア奥に下がって①に戻る。

4点のフリーアタック（ダブルス）

ねらい　ダブルスの後衛としての力を上げるノック。ハーフから後ろで動かされながら、すべて強いショットを打ち込んでいく。フットワークと体力に加え、攻め続ける強い精神力も育てる。

《 技術ポイント 》

フォアドライブ

✔ CHECK! ドライブは、高い位置で体を入れて打てるように、しっかり足を使う。

バックドライブ

✔ CHECK! バックドライブは、打点の高さと体の前でとらえることを強く意識する。

① コート内の4カ所（①フォア奥②バック奥③右サイド④左サイド）に、ランダムに上がってきたシャトルを、すべて攻撃的ショットで返し続ける

アドバイス！

ノッカーは「後衛を回す」意識で、テンポを調整。時には気持ちよく打たせるなど、メリハリをつけてください。

152

ノック

フォアスマッシュから
4点連続アタック（ダブルス）

レベル　中級

回数　1人が4球×5
セット（2人で
10セット）

ねらい　ペアで入るダブルスのノック。シャトルを打つのは1人ずつだが、打っていない人のポジショニングも大事。パートナーのショットや動きの特徴をつかみながらペア力を高める。

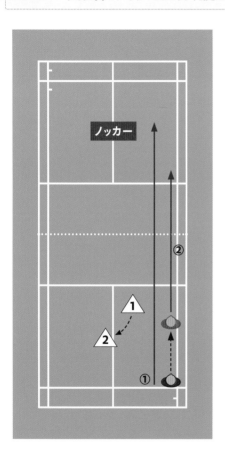

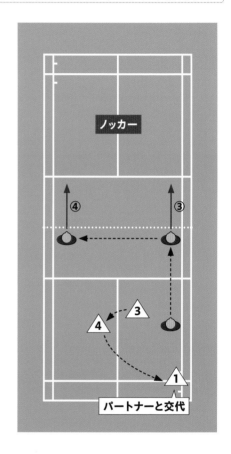

1　フォアスマッシュ→フォアドライブ

✔ **CHECK!**

1人がフォア奥から①スマッシュ、前に出て②フォアドライブ。パートナー（△）はショットに合わせて、試合と同じようにポジションを変えていく。

2　フォアプッシュ→バックプッシュ

✔ **CHECK!**

③フォアサイドからネット前に詰めてプッシュ、相手がクロス前に逃げてきたところを、④バックプッシュで決めてパートナーと交替。2人で連携すること。

全面フリー（ダブルス）

> **ねらい**　実際のラリーより速いテンポのノックで、ローテーションしながらトップ＆バックをキープ。2人で攻め続ける形を作り上げる。最後の1球まで集中して決めきるパターンも覚える。

《 技術ポイント 》

ハーフからのローテーション

前へ

ネット前へ

前後が入れ替わった

✔ CHECK!　2側は攻め続けながら、積極的に前に詰めてローテーションする。

① **コート全面に出されたシャトルを、すべて攻撃的ショットで返す**

トップ＆バックをキープしながら、ローテーションして攻め続ける。

ノッカー

ローテーションして攻め続ける

▶ 指導者 MEMO ✎

ノックの集大成として、追い込むだけでなく、決めにいく展開も作ってください。最後の1球まで大事に、ミスをしないことを徹底します。

「やり続けて未来を切り拓く」を伝えたい
（埼玉栄高校男子バドミントン部コーチ・堂下智寛）

北越高校（新潟県）時代の恩師、山縣泰弘先生は、私が理想とする指導者の1人です。バドミントンの技術だけでなく、返事やあいさつなど、人として大事なことを厳しく教わりました。選手と向き合い、まとめ上げていく情熱を尊敬しています。

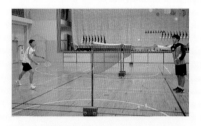

自分も指導者になろうと決めたのは、大学3年生のときです。同学年には橋本博且（再春館製薬所コーチ）、古財和輝（龍谷大学監督）、1学年下には遠藤大由（BIPROGYコーチ／リオ、東京五輪ベスト8）など、日本代表として世界に羽ばたいていく仲間がいました。彼らを間近で見ているうち、「選手として活躍するのは、彼らのような人なんだ。自分は指導者という立場で挑戦を続けていこう」と考えたのです。

今振り返ると、それは逃げだったなと思います。大学卒業後、実業団チームでプレーを続ける選択をしていれば、彼らに少しでも追いつけたかもしれない。指導者の道を選んだことに後悔はありませんが、自分で自分の限界を決めてしまっていた部分もあったかなと思うのです。

そんな自分の経験を踏まえて、未来ある選手たちには、やり続けることの大切さを伝えています。今は勝てない相手にも、毎日コツコツ練習していけば、いつか勝てるかもしれない。たとえ勝てなくても、その差は縮まっていくかもしれない。いつになるかはわかりませんが、やめないかぎり、近づいていけるのです。

埼玉栄高校の卒業生の中にも、在学中はレギュラーになれず悔しい思いをしながら、大学、社会人と頑張り続け、日本代表に選ばれた選手がいます。全日本総合選手権という最高の舞台で、高校時代はかなわなかった相手に勝って決勝進出！　そんな日が来ることを、当時のチームの誰もが想像できませんでした。

今、結果が出なくて、つらい思いをしている人もいるでしょう。でも、やめたら終わりです。未来を切り拓くために、自分で考えて行動することを、やり続けてください。

第 13 章

大人数で行うノック

人数の割にコートが少ないことに悩むチームでも、
工夫次第で充実した練習ができます。
1周交替で回っていくので、1球1球を大切に取り組んでください。

手投げノック

後ろで素振りからネット前

レベル	初級
回数	1人10周 （1球交替）

ねらい ▶ コート半面を使って、後ろから前に出る基本のフットワークを身につける。後ろは素振りなので、ネット前のシャトルに集中。確実にネットを越すことを体に染み込ませる。

《 技術ポイント 》 **ネット前は3種類**

ロブ

ヘアピン

プッシュ

① フォア奥で素振り

② ネット前でロブ、ヘアピン、プッシュ
いずれかを打って交替
▶逆サイドでも行う

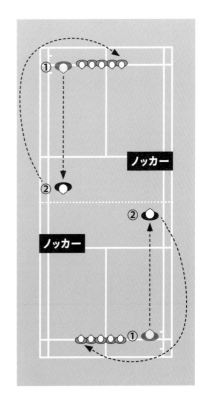

アドバイス！

半面2カ所でできるノックです。後ろの素振りは全力スマッシュのつもりで、振った勢いで前に出ること。試合を意識です。

menu	手投げノック		レベル	初級
155			回 数	1人10周

フォア奥とラウンドで素振り →バックヘアピン

ねらい コート奥で左右に振られ、ラウンドスマッシュからネット前に出る、シングルスのパターン。全力素振り2回の後、足を使ってバックヘアピンを確実に入れる。

《 技術ポイント 》 **ヘアピンを確実に入れる**

☑ **CHECK!**

全力素振り2回からのネット前は、しっかり足を使って確実に入れること。

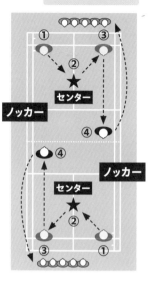

1 フォア奥で素振り

2 センターに戻る

3 バック奥（ラウンド）で素振り

4 バック前でヘアピン

---

menu	手投げノック		レベル	初級
156			回 数	1人10周

ラウンドとフォア奥で素振り →フォアヘアピン

ねらい メニュー155の逆パターン。単調だが、素振り、フットワーク、ネット前でシャトルを打つ感覚という3要素を満たしている。全員が真剣に取り組むことで確実に力がつく。

《 技術ポイント 》 **素振りの間はセンターに戻る**

☑ **CHECK!**

1回目と2回目の素振りの間は、必ずセンターに戻る。常に試合を意識。

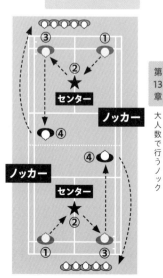

1 バック奥（ラウンド）で素振り

2 センターに戻る

3 フォア奥で素振り

4 フォア前でヘアピン

第13章 大人数で行うノック

157

手投げノック

フォア奥とラウンドで素振り
→フォアヘアピン

レベル　初級

回　数　1人10周
（1球交替）

ねらい　コート奥で左右に振られ、ラウンドスマッシュから対角線に走ってヘアピン。走る距離が長くなる分、体力とフットワーク、ヘアピンを確実に入れる形も身につける。

アドバイス！

メニュー155〜158は、いずれも素振り2回からヘアピン。素振りはスマッシュのつもりで、全力で振るのが基本。時にはカットを想定して振ってもかまいませんが、ストレート前に走るときはストレート、クロス前に走るときはクロスと、細かいコースの設定も忘れずに。ヘアピンは手打ちにならないように、シャトルの下まで足を運ぶこと。全力で走ってきた勢いを止めて、確実に入れる形を身につけてください。

1 フォア奥で素振り

2 センターに戻る

3 バック奥（ラウンド）で素振り

4 フォア前でヘアピン

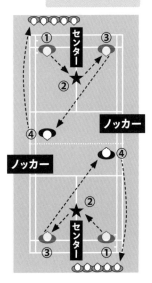

158

手投げノック

ラウンドとフォア奥で素振り
→バックヘアピン

レベル　初級

回　数　1人10周
（1球交替）

ねらい　メニュー157の逆パターン。素振りを疎かにせず、最初から最後まで全力で行うことで、体力、フットワーク、ヘアピンの技術はもちろん、集中力、強い精神力も養う。

🚩 指導者 MEMO 🖊

第13章のメニューは、逆サイド（エンド）を使って2組同時にできます。素振りとフットワークは、それだけのために時間を使いたくないもの。ノックに入れ込んで、こなしましょう。単調な練習ですが、素振りからヘアピンまで、試合を意識することを徹底してください。

1 バック奥（ラウンド）で素振り

2 センターに戻る

3 フォア奥で素振り

4 バック前でヘアピン

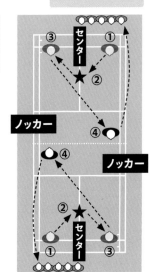

手投げノック

フォアサイドで素振り→バックヘアピン

レベル	初級
回 数	1人10周（1球交替）

> **ねらい** フォアサイドでのスマッシュレシーブから前に出る、シングルスのパターン。守りから攻めに転じる展開を意識して、ネット前での正確なプレーの技術を高める。

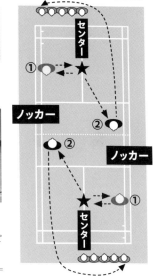

① フォアサイドでレシーブの素振り

☑ **CHECK!**

センターから出て、フォアサイドでショートレシーブの素振り。

② バック前でヘアピン

☑ **CHECK!**

センターからバック前に出てヘアピン。ロブ、プッシュにしてもいい。

手投げノック

バックサイドで素振り→フォアヘアピン

レベル	初級
回 数	1人10周（1球交替）

> **ねらい** バックサイドでのスマッシュレシーブから、足と体を切り返してセンターに戻り、素早く前に出ていく流れを身につける。最後のヘアピンまで気を抜かないこと。

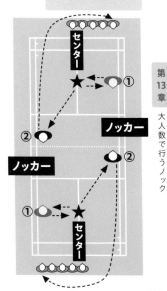

① バックサイドでレシーブの素振り

☑ **CHECK!**

センターから出て、バックサイドでショートレシーブの素振り。

② フォア前でヘアピン

☑ **CHECK!**

センターからフォア前に出てヘアピン。ロブ、プッシュにしてもいい。

第13章 大人数で行うノック

ノック

大人数で行う
ストレートドライブ→ストレートプッシュ

レベル	初級
回数	1人10周 （1球交替を 両サイド）

ねらい 「ストレートドライブからネット前に詰めてプッシュ」という、ダブルスでよくあるパターンを身につける。決められた2球を確実に入れる、確実性と集中力も高める。

1 センターから出て、フォアでストレートドライブ

2 まっすぐ前に詰めて、ネット前でプッシュ

▶逆サイドでも行う

アドバイス！

コースがストレート限定なので、半面ずつ2カ所でできます。ドライブもプッシュもコンパクトに振って確実に入れる。ノッカーに当てないように、よく見てコントロールしましょう。プッシュ後もノッカーから目線を外さないようにして、コートから出てください。

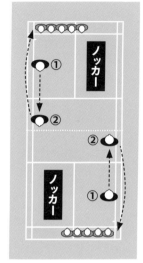

ノック

大人数で行う
スマッシュ&ネット

レベル	初級
回数	1人10周 （1球交替を 両サイド）

ねらい ストレートスマッシュを確実に入れてネット前で決める、シングルスの基本パターン。ネット前はプッシュかヘアピンか、大きく動きながら瞬時の判断力も磨く。

1 センターから出て、フォア奥からストレートスマッシュ

2 まっすぐ前に詰めて、プッシュかヘアピン

▶逆サイドでも行う

アドバイス！

このメニューもストレートに限定して、2カ所同時にできます。スマッシュの次をねらってネット前に詰め、プッシュかヘアピンを選択してください。大人数でやる練習では、自分の回数が減ります。1球1球、1つひとつの動作を大事に、集中してやりましょう。

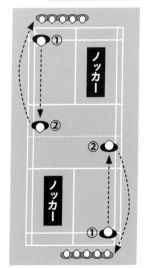

163

ノック

大人数で行う
プッシュ→スマッシュ

レベル	初級
回 数	1人10周 （1球交替を 両サイド）

ねらい 前から後ろというイレギュラーな動きのノック。プッシュを打ったら素早く体を切り返し、後ろ重心にならない体の入れ方、足の使い方をくり返して覚えていく。

① ネット前に出て プッシュ

☑ **CHECK!**

センターからネット前に出てプッシュ。確実に入れること。

② 浅めの位置から スマッシュ

☑ **CHECK!**

プッシュを弾き返されたイメージで、下がってスマッシュ。

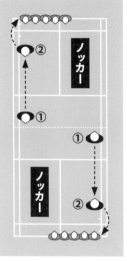

▶逆サイドでも行う

164

ノック

大人数で行う
ドライブ→スマッシュ

レベル	初級
回 数	1人10周 （1球交替を 両サイド）

ねらい ドライブを大きく返され、自分で下がってスマッシュというダブルスのパターン。速い展開の中でシャトルに追いつき、ネットにかけずに入れることを徹底する。

① サイドに出て ドライブ

☑ **CHECK!**

センターからサイドに出てドライブ。決めにいくつもりで打つ。

② まっすぐ下がって スマッシュ

☑ **CHECK!**

素早く下がってスマッシュ。雑にならず落ち着いて打つこと。

▶逆サイドでも行う

第13章 大人数で行うノック

167

ノック

165 大人数で行う スマッシュ→ドライブ→プッシュ

レベル	初級
回　数	1人10周 （1球交替を 両サイド）

ねらい コート奥からスマッシュ、ドライブ、プッシュという、ダブルスの後衛からローテーションする展開。強く一発打って終わりではなく、常に次をねらいにいく姿勢と気持ちを強める。

① スマッシュ

② ドライブ

③ プッシュ

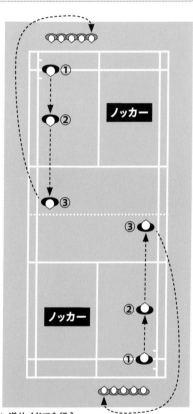

▶逆サイドでも行う

アドバイス！

ダブルスの後衛をイメージして、常にラケットを上げて、「打って次！　打って次！　打って次！」のリズムで。次の場所が決まっているからと、流れ作業にならないように、1球1球しっかり足を運び、体を入れて打ち抜きましょう。ノッカーは、選手が止まってしまう「間」ができないように、ダブルスのラリーと同じか、少し速いぐらいのテンポでシャトルを出してください。

<table>
<tr><td>

menu
166

</td><td>

ノック
大人数で行う
クリア→ネット前で素振り

</td><td>

レベル	初級
回数	1人10周 （1球交替を 両サイド）

</td></tr>
</table>

ねらい コート奥からしっかりクリアを打ってネット前に出る、シングルスに欠かせない動き。クリアを打って終わりではなく、足を使って前に出る、前をねらうことを体で覚える。

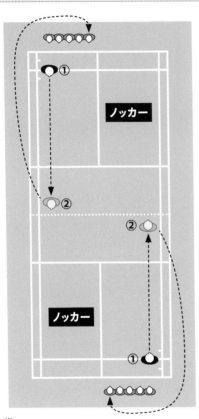

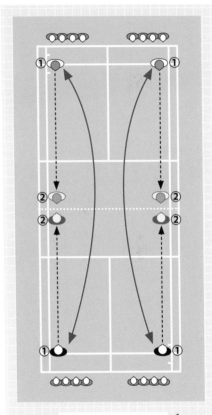

1 コート奥からクリア

2 ネット前に出て素振り（ロブ、ヘアピン、プッシュ）

▶逆サイドでも行う

✔ CHECK!

コート奥からのクリアは、距離と高さをしっかり出すこと。ネット前の素振りは、ロブ、ヘアピン、プッシュを、自分で選択。試合を想定して、しっかり振る。

▶■指導者 MEMO ✐

大人数のチームは、上の図のように選手が打ち合う形にもできます。5人対5人で半面10人、1面に20人程度が入って、生きたシャトルを打ち合います。このとき、クリアの打ち合いが低く浅くならないこと。クリアを打った後は、「相手のカットに対して前に出る」などイメージすることも大事です。

大人数で行うクロスカット→ストレートカット→ヘアピン

ねらい クロスカットで崩し、相手のストレートリターンを待つシングルスのパターン。フットワークを意識しながらコート内を動き、3点からネット前の1点に返すコントロール練習。

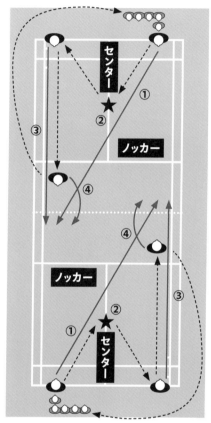

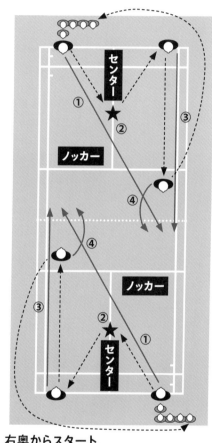

左奥からスタート

① バック奥からラウンドでクロスカット

② センターに戻る

③ フォア奥からストレートカット

④ フォア前でヘアピン

右奥からスタート

① フォア奥からクロスカット

② センターに戻る

③ バック奥からラウンドでストレートカット

④ バック前でヘアピン

第 14 章
ウォーミングアップ

しっかりとしたウォーミングアップは、上達への第一歩です。
メニューの中には、試合での動きに直結するものもあります。
手を抜かず、1つひとつ丁寧に行って、体をベストな状態にもっていきましょう。

ダイナミックストレッチ

太ももの裏伸ばし

レベル	初級
回 数	25m往復×2セット

ねらい 太ももはよく伸ばしておかないと筋肉痛や肉離れ、最悪は疲労骨折の原因になりかねない。ポイントはステップを入れている点。バドミントンの動きの中でリズムよく足を上げる。

① 片道25mを歩きながら左右両太ももの裏を伸ばす

《 技術ポイント 》

ステップを踏む

アドバイス！

両手を膝に添えて、胸にしっかりと引きつけることが大切。背筋を伸ばしてよい姿勢で行いましょう。

☑ **CHECK!**

右太ももの裏を伸ばしたあと、ステップを1回挟む。左太ももも同様。このステップがとても大切。

ダイナミックストレッチ

足上げ

レベル	初級
回 数	25m往復×2セット

ねらい 大きく足を上げることによって、股関節、太ももの裏に刺激を与えると同時に、可動域をしっかりと広げる。ハムストリングが硬いと膝や腰を痛める原因にもなるので、しっかりと取り組む。

▶片道25mの距離を取る（コート4つ分くらい）

① 歩きながら大きく足を上げる。両足行う

▶間にステップを踏む

☑ **CHECK!**

手で足をさわりにいかないように注意。

アドバイス！

けがの予防もウォーミングアップの目的の1つ。メニュー169には、可動域を広げる効果があります。上体を倒したり手で足をさわりにいったりすると効果が半減してしまうので注意すること。といっても、最初は無理をしないでください。体が温まってきたら、少しずつでよいので、しっかりと高さを出せるようにしていきましょう。

ダイナミックストレッチ

股関節回し

レベル	初級
回 数	25m往復× 2セット

ねらい 股関節の柔軟性をアップさせ可動域を広げる。途中にステップを入れることで、バドミントンにおける前後左右のフットワークにつなげる意識をもつ。

▶片道 25m の距離を取る（コート4つ分くらい）

1 両手を肩のラインと水平になるように軽く上げる

2 膝を腰の高さまで上げ後ろから前へと回す

☑ **CHECK!** 両手を広げるのはまっすぐ正面を向いた姿勢を作るためでもある。

☑ **CHECK!** 体ではなく股関節をしっかりと後ろから前へ回すことを意識。

▶間にステップを踏む

3 逆の足でも同じ動きを行う

☑ **CHECK!** ステップを踏むのはバドミントンの動きに関連づけるため。

▶ 指導者 MEMO

今回、紹介しているウォーミングアップは、バドミントンの動きにつながる要素をかなり入れています。ウォーミングアップでありながら、バドミントン特有の体の動かし方を養う内容になっているのです。チームや学校によっては、練習時間が制限されてしまうケースもあるでしょう。限られた時間を有効に使うという意味でも、これらのメニューがもつ意義は大きいのです。ウォーミングアップから実戦につながっているという意識を持って、しっかりと取り組んでください。

第14章 ウォーミングアップ

ダイナミックストレッチ

ランジして体を倒す

レベル	初級
回数	25m往復× 2セット

ねらい スイングをするときに大事な足の踏み込みの動作の柔軟性を高める、股関節の可動域を広げるためのメニュー。体を倒す動きによって、上半身にも刺激を入れることを意識する。

▶片道25m の距離を取る（コート4つ分くらい）

1 両手を頭の上で組み、
右足を大きく踏み込む

2 体を右に倒す。
戻したら逆足でも同様の動きを行う

☑ **CHECK!**
足は深くしっかりと踏み込む。体を倒す方向は踏み込んだ足と同じ方向。

☑ **CHECK!**
流れ作業にならないよう「踏み込んでから倒す」ことを意識して行う。

ダイナミックストレッチ

ランジして腕をひねる・横

レベル	初級
回数	25m往復× 2セット

ねらい 足を踏み込みながら両腕を広げ、同時に逆方向にひねる。スイングの動きで大きな役割を果たす肩甲骨に刺激を入れて、可動域を広げるのが目的。

▶片道25m の距離を取る（コート4つ分くらい）

1 両腕を広げて足を深く踏み込み
左右の腕を逆方向にひねる

2 逆の足を踏み込み
両腕を ① とは逆方向にひねる

☑ **CHECK!**
広げた手は肩のラインに合わせて、水平になるように意識すること。

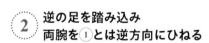

☑ **CHECK!**
手が下がりすぎると肩甲骨への刺激にならない。肩と同じ高さまで上げること。

ダイナミックストレッチ

ランジして腕をひねる・縦

> **ねらい** メニュー172の、手を縦に広げるバージョン。目的は同様に肩甲骨に刺激を与えて、可動域を広げること。しっかりと腕を上げ下げすることを心がける。

▶片道25mの距離を取る（コート4つ分くらい）

① **右足を踏み込んで右手を上げ、内側にひねる**

② **左足を踏み込んで左手を上げ、内側にひねる**

☑ **CHECK!** 手の上げ下げは上下というより、両手を後ろに引っ張るイメージで行うとよい。

☑ **CHECK!** 手に意識が行きすぎて踏み込みが甘くならないように気をつける。

アドバイス！

ウォーミングアップは、筋肉や関節など体全体を温めるのが目的。十分に温まっていない状態で、いきなり大きな動きや素速い動きをすると、けがにつながる恐れがあります。けが防止の意味もあるウォーミングアップで故障しては本末転倒。ある程度の時間をかけて、じっくりと体を温めることが大切です。

⟫◀ 指導者 MEMO🖊

ランジには足の踏み込み力の向上や、筋力アップの効果があります。さらに片足を交互に踏み込むことで、体のバランスの改善にもつながります。普段の生活だけでなく、バドミントンのプレーでも両足で動くことがほとんどです。意識しないと、どちらかに筋力などが偏っていることに気がつきにくいもの。トレーニングは体との会話と意識してみましょう。

174 ツーステップ

ステップ

レベル	初級
回数	25m 往復×2セット

> **ねらい** ウォーミングアップを兼ねてバドミントンの動きでよく使うステップを覚えるメニュー。前方面に細かいリズムでステップを刻んでいく。ステップの幅がより細かいバージョンと使い分けよう。

① 正面を向き右斜め前へ2回ステップ

✔ **CHECK!**
スイングするための最初の一歩の動き出しを意識する。

② 左斜め前へ2回ステップ

✔ **CHECK!**
足だけではなく、膝もやわらかく使うイメージでステップするとよい。

アドバイス！

ダブルスのサイドラインからシングルスのサイドラインまでを目安に、2ステップで進みます。慣れてきたら歩幅を大きくしたり小さくしたりしてみましょう。実戦では、細かく合わせるときもあれば、大きく動かないと追いつかないときもあります。常にゲームを想定して取り組みましょう。

---

menu

175 ツーステップ・バック

ステップ

レベル	初級
回数	25m 往復×2セット

> **ねらい** メニュー174と同様、ウォーミングアップを兼ねてバドミントンのステップを覚える。ただ後ろに下がるのではなく、しっかりとステップをすることを意識。こちらもステップ幅がより細かいバージョンがある。

① 右斜め後ろに2回ステップ

② 左斜め後ろに2回ステップ

▶ 指導者 MEMO 🖊

メニュー174同様、2ステップで、こちらは後ろに下がる動きです。バドミントンでは後ろにステップする、あるいは走る動きがたくさん出てきます。こういった非日常の動きこそ、たくさんこなして慣れることが大切。ステップを細かくしたりスピードを上げたりして、バリエーションをつけてください。

ステップ

サイドステップ

レベル	初級
回数	25m往復×2セット（左右とも）

ねらい 実戦でのサイドの動きを意識したステップを、ウォーミングアップを兼ねて行う。ツーステップ同様、細かなステップのバージョンもある。

① 両足を広げて立ち、腰を落とす

② 左足に右足を寄せる

③ 左足を横にステップ。繰り返す

アドバイス！

ベタ足にならないように、母指球をうまく使って、軽くジャンプしながら移動します。足もとは見ないで、視線を上下させず、常にシャトルを見ているイメージで行いましょう。バドミントンでは、左右の動きも、前後の動きと同じくらいたくさん出てきます。軽やかに動けるように体を準備して。

ステップ

クロスステップ

レベル	初級
回数	25m往復×2セット（左右とも）

ねらい 俊敏性を高めると同時に細かい足のステップを意識したウォーミングアップ。ツーステップやサイドステップと同様、細かいステップのバージョンもある。

① まっすぐ前を向いてスタート

② 右足を左足の前にクロス

③ 左足を右足の横にそろえる

④ 右足を左足の後ろにクロス

⑤ 左足を右足の横にそろえる

腕は肩のライン

第14章 ウォーミングアップ

タップしてもも上げ

レベル	初級
回 数	タッピング30回 もも上げ30回 ×各2セット

ねらい ウォーミングアップを兼ねて俊敏性も養うメニュー。体に刺激を入れるのが目的。細かく速く、しっかりももを上げて腕を振ることを意識する。

1 体を正面に向けて タッピング※（30回）して前に進む

※両足を軽く広げ、細かく速い動きで床を鳴らしながら進む。タップ。

✔ **CHECK!**
タッピングの姿勢は実戦をイメージし、センターポジションでの構えを意識する。

2 進みながらもも上げを30回行う

✔ **CHECK!**
足だけを動かすのではなく、腕もしっかり振ることで、上半身にも刺激を入れる。

タップしてもも上げ・バック

レベル	初級
回 数	タッピング30回 もも上げ30回 ×各2セット

ねらい メニュー178と同じくウォーミングアップを兼ねた俊敏性アップをねらう。バドミントンは後ろに下がりながら打つケースも多いので、そのイメージで取り組む。

1 体を正面に向けて タッピング（30回）して後方に進む

✔ **CHECK!**
ポイントは重心の置き方。前方に重心をかけた姿勢のまま、後方にタッピングして進む。

2 後方に進みながら もも上げを30回行う

✔ **CHECK!**
もも上げのポイントはメニュー178と同じ。細かいタッピングから大きな動きへの切り替えを意識。

ステップ

両足ジャンプ
（前2後1）

レベル	初級
回　数	25m往復×2セット

ねらい　着地やジャンプをする際、片方どちらかに偏りすぎることがないように、両足をバランスよく使うことを意識する。

① 両足を肩幅より少し広く開き 前に2回ジャンプする

② ①の姿勢のまま 後ろに1回ジャンプ

✔ **CHECK!**
「ドスンドスン」と重く落ちないように。つま先と母指球を使ってリズムよくジャンプする。

✔ **CHECK!**
両足をそろえてきちんと跳ぶと足がキツくなるが、それは正しい動きをしている証拠。

ステップ

両足ジャンプ・バック
（後2前1）

レベル	初級
回　数	25m往復×2セット

ねらい　メニュー180の逆バージョン。床を蹴るようにして後ろに跳ぶ。体幹を安定させることで、後方への動きがスムーズになるメリットを体感する。

① 両足を肩幅より少し広く開き 後方に2回ジャンプする

② ①の姿勢のまま前に1回ジャンプ

✔ **CHECK!**
足がベッタリと床に着くと動きにくい。かかとを常に上げてジャンプすることを心がける。

✔ **CHECK!**
後方へ動いていくが、姿勢は前に重心をかけた状態からジャンプ。実戦を意識すること。

ステップ

サイドステップ
（右2左1→左2右1）

| レベル | 初級 |
| 回　数 | 25m往復×
各2セット |

> **ねらい** 実戦ではあらゆる方向にステップしたうえで、ストップをかけて踏ん張らなければならない場面も多い。実際の試合での場面を意識した両足のストップ＆ジャンプ。左2右1も行う。

① **両足を軽く開いて立つ**　② **右に2回サイドステップする**　③ **左に1回サイドステップする**

アジリティ

シャトルを置いて
ラダージャンプ

| レベル | 初級 |
| 距　離 | 15m |

> **ねらい** 俊敏性を高めバドミントンの細かなステップ力をアップさせる。実際にラダーを置いて行うことが多いが、シャトルを等間隔に置くことで代用できる。

① **シャトルをラダーの間隔を目安に15m分並べて置く**　② **シャトルを踏まないように両足でジャンプしながら進む**

アジリティ

シャトルを置いて ラダーステップ①

レベル	初級
距離	15m

ねらい メニュー183同様、俊敏性を高めバドミントンの細かなステップ力をアップさせる。ツーステップの細かいバージョンよりさらに細かいステップで行う。

① 1番目のシャトルと2番目のシャトルの間から一歩下がったところに立つ

② 左足をシャトルとシャトルの間にステップ

③ 右足を左足にそろえてシャトルとシャトルの間に入れる

④ 左足を2つ目と3つ目のシャトルの間から一歩下がった位置（斜め後ろ）に引く

⑤ 右足を左足にそろえる。端まで②～④を端までくり返す

✔ CHECK!

シャトルは踏まないのがベストだが、それよりもリズムよくステップすることが大事。途中でシャトルを倒しても止まらず続けて行うこと。

アドバイス！

アジリティ（瞬発力）のメニューにもバドミントンへの動きにつながる要素を取り入れています。メニューに取り組むときは、ただこなすのではなく、どういったプレーや場面を想定したのかをイメージすること。より効果が高くなり、モチベーション向上にも役立ちます。普段からの意識の違いは、選手としての成長において大きな違いになっていくものです。

指導者MEMO

フットワークの能力を磨けば、技術が上の選手とも勝負できます。俊敏性も同様。スマッシュはもちろん、相手の攻撃への対応、シャトルを拾いにいく場面など、ジャンプ力がプレーの質を高めてくれます。

185

アジリティ

シャトルを置いて
ラダーステップ②

レベル	初級
距離	15m

ねらい メニュー183、184と同様、俊敏性を高めバドミントンの細かなステップ力をアップさせる。スムーズにステップするために必要な、体重移動の感覚を養う。

1 右足を1つ目と2つ目のシャトルの間に入れる

2 左足を右足にそろえる

3 右足を斜め前に出す

4 左足を2つ目と3つ目のシャトルの間に入れる

アドバイス！ いくら速くステップできても、形が悪ければ意味がありません。最初は丁寧に、ゆっくりでもOK。膝を使った体重移動を意識してステップするようにしましょう。

---

menu

186

アジリティ

ライン上で鬼ごっこ

レベル	初級
時間	5分

ねらい コートのラインの上だけを走る鬼ごっこ。クイックネスを養うウォーミングアップのメニュー。人数は5人から10人が適正。サイドステップやケンケンなど移動方法に縛りを設けてもいい。

1 ラインから外れないように鬼から逃げる

2 鬼もライン上を追いかけ肩にタッチする

アドバイス！

端にいたり鬼の目線から外れる位置を意識して逃げたり、戦略次第で逃げきれるケースも少なくありません。楽しく、真剣に、ゲーム感覚で行いましょう。

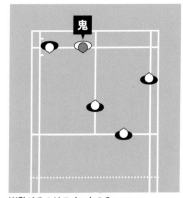

※動けるのはライン上のみ

第 15 章
トレーニング

すべてのプレーは、フィジカルの強さがあってこそ。
また、一定量の体力、筋力がなければ練習量もままなりません。
体のしくみとメニューの目的を意識して、日頃からトレーニングに取り組みましょう。

バイセプト

バーを持って
アームカール

レベル	初級
回 数	20回〜30回× 3〜5セット

ねらい 力強い球が打てるように、上腕二頭筋、上腕三頭筋を鍛える筋力トレーニング。いわゆる「力こぶ」を含む腕まわり一帯の筋力を鍛える。

① 肩幅より少し足を広げ 両手・逆手でバーを持つ

✔ CHECK!
アームカールはダンベルを用いることが多いが、ネットの支柱（ポール）で代用できる。

② 肘を固定して腕を曲げ ゆっくりともとの位置に戻す

✔ CHECK!
バーの上げ下げは、反動を使うとトレーニング効果が薄まるのでゆっくりと行う。

---

menu

188

全身トレーニング

バーを持ち上げて
開脚ジャンプ

レベル	初級
回 数	15回〜20回× 3〜5セット

ねらい 手に持ったバーを上げると同時にジャンプする。筋力トレーニングの目的だけでなく、体の機能性アップもねらい、バーを上げると同時に足を広げて瞬発力を養う。

① バーを両手・順手で持ち アゴの下あたりまで持ち上げる

✔ CHECK!
腕だけでなく、全身を使ってバーを上げるイメージをもつ。

② バーを頭上に持ち上げると同時に 両足を広げてジャンプする

✔ CHECK!
ジャンプのときの足幅は広げすぎないこと。肩幅より少し広いくらいが目安。

189

ランジ

バーを持って
足の踏み込み・前

レベル	初級
回数	右足10回 左足10回

ねらい 太ももの裏や臀部の筋力、体幹などの強化につながるトレーニング。ウォーミングアップのランジと目的はほぼ同じだが、こちらは筋力トレーニングの要素がより大きい。

① 両手・順手でバーを持ち
肩に担ぐ

② 片足を深く前に踏み込み
もとの体勢に戻す。逆足も行う

☑ **CHECK!**
足の踏み込みが浅すぎないように、バドミントンの動きをイメージしてスタート。

☑ **CHECK!**
実戦ではどちらかの足に頼りがち。バランスを意識して右足、左足と交互に行う。

---

menu

190

ランジ

バーを持って
足の踏み込み・後ろ

レベル	初級
回数	右足10回 左足10回

ねらい メニュー189と同じ目的で足を後ろに踏み込むメニュー。ポイントや注意点も同じ。違いは、足を後ろに引くような感覚で動かす点である。

① 両手・順手で
バーを持ち
肩に担ぐ

② 片足を引く感覚
で後ろに踏み込
み、もとの体勢
に。逆足も行う

📣 **指導者 MEMO** ✏

バドミントンでは、「大きく踏み込む」場面がかなりあります。メニュー189と比べて、足を引く形になるメニュー190は、慣れない動きである分キツいでしょう。しかし、そのキツさは必ず、強さにつながります。しっかりと深く下がって、膝の角度は90度を意識しましょう。

第15章 トレーニング

185

menu 191
バーを持って足の入れ替え

レベル	初級
回数	20回

ねらい メニュー189、190と同じランジのトレーニング。足を踏み込んだ状態から軽くジャンプする感覚で足を入れ替える。バーを担ぐと体のバランスが問われるため、正しいフォームになりやすい。

① 両手・順手でバーを持ち肩に担ぐ

② ジャンプして足を前後に開いてランジ

③ ジャンプして足を入れ替える

なるべく深く

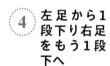
左右の足を入れ替える

menu 192
バーを持って階段の上り下り

レベル	初級
回数	5往復

ねらい ふくらはぎの筋力の強化メニュー。足さばきの要素もあるのでアジリティの強化にもつながる。階段の上り下りはなるべくリズミカルに行うことを意識する。

▶④の後は①に戻り②③④を左右逆で行って1往復とする

① 両手・順手でバーを持ち肩に担ぐ

② 右足から1段上がり左足でもう1段上へ

③ ②の左足に右足をそろえる

④ 左足から1段下り右足をもう1段下へ

体幹

プランク

レベル	初級
時間	30秒から1分× 3〜5セット

ねらい ▶ 体幹トレーニングのメニュー。腕の力、足の力を安定して使うには、体幹がしっかりとしている必要がある。体幹の強さはバドミントンのすべての動きに作用する。日々、トレーニングを積み重ねよう。

① うつ伏せになり両肘とつま先で体を支える

背すじはまっすぐ

頭からかかとまで一直線に

アドバイス！

フォームが安定しない選手は、体幹の弱さが原因になっているケースが少なくありません。体幹がしっかりしていないとフォームが乱れ、シャトルの安定性やコントロールに影響します。体幹が弱い選手は、腕や脚の筋力を鍛えても十分に発揮できません。技術練習とともにフィジカルを鍛えるメニューも大切です。

体幹

サイドプランク

レベル	初級
時間	30秒から1分× 3〜5セット

ねらい ▶ メニュー193の向きを変えたバージョン。脇腹に負荷を加えながら体幹をバランスよく鍛える。

① 横向きになって肘を曲げて床に着き
腰を浮かせて両脚を伸ばす

つま先から頭まで
斜め一直線に

▶ 指導者 MEMO

バドミントンのための筋力トレーニングは、俊敏性を損なわないよう注意しながら行います。トレーニングにはけが防止の意図もあるので、体が成長期にある10代の選手は、極端に筋力をつけるよりも、全体をバランスよく鍛えることを意識しましょう。

第15章 トレーニング

体幹

リバースプランク

レベル	初級
時 間	30秒から1分× 2、3セット

ねらい メニュー 193 のプランクとは反対の体勢で行うリバースプランク。体幹や背中、腕の筋肉強化に効果がある。また腰痛の予防にもつながる。

1 両手のひらを肩の下あたりに着いて
お尻を持ち上げ、足を伸ばしてキープ

かかとで支える

腰を落としすぎた
り、体を反らしすぎ
ないように注意する

足から頭までを一直線にピンと
伸ばした姿勢をキープする

太もも

スケータージャンプ

レベル	初級
回 数	20回× 3〜5セット

ねらい 道具を使わずに体幹や腰、バランス感覚を効率よく鍛えられるメニュー。名前のとおり、スピードスケート選手の滑りのようなイメージでジャンプをする。

1 斜めにジャンプして
片足で着地

2 逆方向へジャンプ

アドバイス!

トレーニングで膝を壊して
しまってはもともこもあり
ません。特に、着地の際
の衝撃は膝をやわらかく
使って吸収し、ドスン! と
着地しないように気をつけ
ます。アジリティとともにバ
ランス感覚を鍛えるため、
前傾姿勢で行いましょう。

開脚バービージャンプ

レベル	中級
回数	10回× 3〜5セット

ねらい 立った姿勢からしゃがみ込んで腕立て伏せの体勢になり、そのまま立ち上がってジャンプをする「バービー」に開脚要素を加え強度を上げたトレーニング。俊敏性、瞬発力、心肺能力を鍛えられる。

1 立った状態から スタート

✔ **CHECK!**
視線はまっすぐ前。床に手を着くからといって下を向くのは NG。

2 床に手を着き 腕立て伏せの体勢に

✔ **CHECK!**
①から②の動きの間に、腰を落とし、軽く膝を曲げてもよい。ジャンプの衝撃を吸収できると同時に、手を着いたときのけが防止にもなる。

▶ 指導者 MEMO

バドミントンのためのトレーニングは、バドミントンという競技に必要な俊敏性やアジリティの動きを損なわないものであることが大切です。一方で、あまりに筋肉がないと俊敏に動くことができません。運動を始めたばかりの選手や中学生くらいでは、まだまだ筋力が足りないもの。ここに挙げた項目だけでも、十分筋力アップにつながります。上級者や高校生は、体全体のバランスを整え、けがを防止する目的で、これらのトレーニングを行ってください。年齢と競技に合ったバランスのよい筋肉をつけることをめざしましょう。

3 両足を手のそばに 引き寄せる

4 大きく ジャンプする

✔ **CHECK!**
引き寄せた足の力を使って一気にジャンプ。なるべく高く跳ぶこと。

5 一番高い位置で開脚して つま先にタッチ

✔ **CHECK!**
思いきって高く跳ばないとつま先へのタッチが窮屈になる。体の柔軟性も必要で、難しいので、最初は⑤は省いてもよい。

背中を丸めない

指先でつま先にタッチ

全身トレーニング

縄跳び
一重跳びと二重跳び

レベル	初級
時 間	5分間 (30秒×2を5セット)

ねらい バドミントンの細かいステップとそれを可能にする筋力を養うのに加え、リズム感やリストの筋力トレーニングにもなる。限られた時間の中で効率よくバドミントンに役立つ力を鍛えられるメニュー。

1 縄が1回転するたびに
1回跳ぶ一重跳びを30秒行う

2 1回跳ぶ間に縄を2回転させる
二重跳びを30秒行う

アドバイス!

肘を固定し、手首で縄を回すようにすると、スピードやリズムを維持しやすく、手首の筋力や柔軟性を鍛える効果が期待できます。また、母指球で跳ぶことで足への衝撃を抑え、故障しにくくなります。

✔ CHECK!

一定のリズムで行うのがポイント。大きく高くというより、細かく速い動きで、30秒間で可能なかぎりの回数を跳ぶ。

前腕

重りを巻き上げる・下げる

レベル	初級
回 数	1往復～3往復

ねらい 握力や手首 (リスト)、腕の筋力を鍛えるトレーニング。バドミントンにおいて握力の強さは、ショットを打つ一瞬のラケットの握り込みなどで発揮される。リストの強さもスイングに対する影響は大きい。

1 重りをつけた紐を両手で持ち
肩より少し上にセットする

✔ CHECK!

腕を下げすぎるとトレーニング効果が薄まるので注意。高さをキープして、ゆっくりしっかり巻き上げる。

2 重りを巻き取り、
巻き上げたら下まで戻す

✔ CHECK!

手をゆるめてスルッと下げず、握り込みを意識して、スピードをコントロールしながら下げる。

持久力・瞬発力

シャトル置きダッシュ

レベル	初級
回数	シャトル5個× 3〜5セット

ねらい サイドラインに置いた5つのシャトルを、センターライン、逆側のサイドラインと1つずつ遠くに置き、さらに取りに戻る動きを全力疾走でくり返す。全力疾走からの切り返しと心肺能力を鍛える。

▶できれば2つ並びのコートを横に使う。一番手前のダブルス・サイドラインに立ち、横にシャトルを5つ立てておく

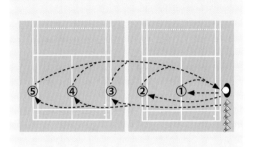

1. シャトルを1つ手に持ち、センターラインまでダッシュしてシャトルを置き、スタート位置に戻る

2. 次のシャトルを手に持ち、1つ目のコートのダブルスのサイドラインまでダッシュしてシャトルを置き、スタート位置に戻る

3. 次のシャトルを手に持ち、隣のコートの手前のダブルスのサイドラインまでダッシュしてシャトルを置き、スタート位置に戻る

4. 次のシャトルを手に持ち、隣のコートのセンターラインまでダッシュしてシャトルを置き、スタート位置に戻る

5. 最後のシャトルを手に持ち、隣のコートの奥のダブルスのサイドラインまでダッシュしてシャトルを置き、スタート位置に戻る

アドバイス！

3〜5つ目のシャトルは、隣のコートも使って1つずつ遠くに置くようにします。5つ置いたらスタートのサイドラインに戻り、1つ目のシャトルから回収を始め、5つすべてのシャトルをスタートと同じ位置に戻して終了です。

《 技術ポイント 》 **シャトルを取る姿勢**   **NG**

✔ CHECK!

シャトルを取ったり置いたりする動作もトレーニングの1つ。スマッシュをレシーブするイメージで足をしっかりと踏み出す。いかにトップスピードに乗せるかがカギだが、体が流れないように注意する。

シャトルを取ったり置いたりする動作を、流れの中でなんとなく行ってしまわないこと、しっかりと足を踏み込み、上体を低くして、レシーブを想定する。背中が丸まったり適当に置いてしまってシャトルが転がったりするのはNG。

堂下智寛（どうした・ともひろ）

埼玉栄高校男子バドミントン部コーチ。1985年6月10日生まれ。北越高校（新潟県）時代に全国高等学校総合体育大会（インターハイ）にてダブルス第3位の成績を残す。その後、日本体育大学に進学し、卒業後、埼玉栄高校（埼玉県）にて保健体育の教員として教鞭を執る。全日本教職員バドミントン選手権大会（ダブルス）優勝2回、準優勝1回。日本一の実績を誇る埼玉栄高校男子バドミントン部のコーチとしての指導実績は、全国高等学校総合体育大会（インターハイ）団体優勝11回、全国選抜大会団体優勝7回など。個人戦でも数多くの選手を優勝へと導いている。

指導者と選手が一緒に学べる!

バドミントン
練習メニュー200

監修者　堂下智寛
発行者　池田士文
印刷所　三共グラフィック株式会社
製本所　三共グラフィック株式会社
発行所　株式会社池田書店
　　　　〒162-0851
　　　　東京都新宿区弁天町43番地
　　　　電話 03-3267-6821（代）
　　　　FAX 03-3235-6672

原稿協力 ———— 大屋貴司、平田美穂、田澤健一郎、山口愛愛
本文デザイン ———— 有限会社ソウルデザイン
本文DTP ———— 提箸圭子
カバーデザイン ———— 有限会社ソウルデザイン
撮影 ———— 井出秀人
編集協力 ———— 有限会社ヴュー企画（佐藤友美）
校正協力 ———— 深澤晴彦

[本書内容に関するお問い合わせ]
書名、該当ページを明記の上、郵送、FAX、または当社ホームページお問い合わせフォームからお送りください。なお回答にはお時間がかかる場合がございます。電話によるお問い合わせはお受けしておりません。また本書内容以外のご質問などにもお答えできませんので、あらかじめご了承ください。本書のご感想についても、弊社HPフォームよりお寄せください。
[お問い合わせ・ご感想フォーム]
当社ホームページから
https://www.ikedashoten.co.jp/

埼玉栄高校男子バドミントン部 2023年度3年生

（後列左から）中川友那、新垣翔太、川﨑聖矢、野口駿平、殷 昊羽、棚木悠翔、（前列左から）熊木凌也、野呂英賢、沖本優大、角田洸介、津田光生